# 묘법연화경소 妙法蓮花經疏

축도생(竺道生) 찬(撰)
강규여 역주

전남대학교출판문화원

<일러두기>

1. 이 번역은 『卍續藏經』 제27책에 수록된 『妙法蓮花經疏』를 저본으로 했다.
2. 도생의 『묘법연화경소』는 구마라집이 한역한 『妙法蓮華經』에 대한 초기 주석서이면서 현존하는 가장 오래된 주석서다.
3. 이 소(疏)는 구미라집의 『묘법연화경』에 대한 일종의 설명이므로, 소(疏) 자체만을 읽기보다는 경전과 병행하면서 읽어야 의미가 잘 이해될 것이다.
4. 번역문 중의 < > 및 진한 표시는 『묘법연화경』 본문의 직간접적인 표현들이며, 해당 위치를 모두 각주로 표기했다.
5. 번역문 중 < > 안의 우리말 번역은 소(疏)에서 인용한 부분에만 국한한 것이며, 실제 경문의 해당 부분에는 추가적인 내용이 있는 경우가 많다.
6. 소(疏)에서 『묘법연화경』 본문과 다르게 인용한 경문은 다른 부분만 각주로 표기했다.
7. 『묘법연화경소』의 번역본은 일어와 영어의 2종류가 있으며, 번역시에 모두 참고했다.

· 中國佛教思想研究會. 「道生撰妙法蓮華經疏對譯」 『三康文化研究所年報』 通號 9. 三康文化研究所, 1977(상권). 通號 12, 1980(하권).
· Young ho, Kim, *Tao-sheng's Commentary on the Lotus Sutra : a study and translation*, State University of New York Press, 1990.(151～338쪽)

# 차 례



## 상 권



## 하 권

# 서문(序文)

미묘한 말씀은 그윽하고 깊으며, 보고 듣는 것과는 오묘하게 단절되어 있어서 따르게 되더라도 잘 분간하여 익히는 사람은 적다. 어설프게 알고 비웃는 사람이 많은데 어찌 도(道)를 (따르면서도) 세속으로 돌아간 사람이 아니겠는가. 나는 젊었을 때 강의의 말석에 참여했었으며,[1] 운 좋게 현□[2]를 만나게 되었다. 그 글의 의미가 풍부하고, 사리(事理)도 아울러 심오했다. 기억[識]은 개자겁(芥子劫)이나 반석겁(盤石劫)처럼 (길지가) 않아서 영원히 보존하기가 어렵지만 부족하나마 강의 중에 들은 내용을 기록했다. 앞서 (들었던) 말씀을 기술하는 일은 마치 북소리를 울리는 것처럼 (쉽지 않았다). 또 원가 9년(432년) 봄 3월에 여산(廬山)의 동림정사(東林精舍)에서 이것을 다시 교정했으며, 추가적으로 여러 글들[3]을 모아서 참조하여 한 권으로

1) 구마라집(鳩摩羅什, 343[344]-413)이 401년에 장안(長安)에 들어오자 찾아가서 공부했던 일을 말하는 것 같다.

2) 玄□. 『법화경』을 가리키는 것으로 보인다. □는 의(義), 논(論), 담(談), 경(經) 등 여러 가지가 가능하다.

3) 衆本. 도생(道生, 355?-434)의 이 소(疏)는 구마라집(鳩摩羅什) 번역의 『묘법연화경』에 대한 것이므로 중본(衆本)은 이 외에 당시 존재했던 『법화경』 번역본 및 주석서를 가리키는 것으로 추정한다. 도생(道生, 355?-434)이 소(疏)를 찬술하기 이전에 번역된 것으로서 252년 정무외(正無畏, ?-?) 번역의 『법화삼매경(法華三昧經)』, 225년 지도근(支道根, ?-?) 번역의 『방등법화경(方等法華經)』, 축법호(竺法護, 231-308?) 번역의 『살담분다리경[薩曇芬陀利經]』의 3가지 - 이 3가지는 현존하지 않는다 - 및 286년 축법호(竺法護) 번역의 『정법화경(正法華經)』과 406년 구마라집(鳩摩羅什) 번역의 『묘법연화경(妙法蓮華經)』이 있다. 그리고 현존하지는 않지만 구마라집의 제자 중 담영(曇影, ?-?, 東晋의 승려), 도융(道融, ?-?, 東晋의 승려) 등은 『법화경』에 관한 소(疏)를 지었다고 전해진다. 이 소(疏)

만들었다. 부디 깨달음을 분별하는 군자(君子)로서 혹시 살펴보는 사람이 있다면 기나긴 속박□[4] 바깥을 이해하고, 사람 때문에 도(道)를 관철하거나 없애지 않기를 바란다.

夫微言幽賾. 妙絕聆矚. 致使採翫者寡. 撫哂者眾. 豈非道而俗反者哉. 余少預講末. 而偶好玄□. 俱文義富博. 事理兼邃. 既識非芥石. 難可永紀. 聊於講日. 疏錄所聞. 述記先言. 其猶皷生. 又以元嘉九年春之三月. 於盧山東林精舍. 又治定之. 加採訪眾本. 具成一卷. 庶釆悟君子. 脫有省者. 望領久繫□表. 不以人徹廢道也.

---

들의 성립 시기는 알 수 없으며 도생의 소(疏)에 앞서 편찬되었는지도 분명하지는 않지만, 각자의 활동 시기상 이 문헌들일 가능성이 있는 것 같다.

4) □는 之인 것 같다. 따라서 '속박의 바깥'인 것 같다.

# 경(經)의 제목

〈**묘법**〉. 지극한 형상은 형체가 없고 지극한 소리는 소리가 없어서 드물고 미묘하여 내 사유의 경계를 끊으므로 어찌 언어로써 표현할 수 있겠는가. 그러므로 다양한 경위로 다르게 말하는 것이지 이(理)가 어찌 그러겠는가. 진실로 사람들의 근기와 감응이 같지 않기 때문에 깨닫게 함도 만 가지 갈래다. 그래서 위대한 성인이 여러 가지 설명을 제시해서 차별적인 가르침이 나타났다. 보리수에서 시작하여 열반[泥曰]에서 마칠 때까지 통틀어 4종의 법륜을 시설하였다. 하나는 선정(善淨)법륜이다. 다시 말해 하나의 선(善)에서부터 시작해서 4공(四空: 사공정四空定)까지 설법한 것으로서 지옥·축생·아귀라는 3도(塗)의 오염을 제거하게 하므로 정(淨)이라고 한다. 둘은 방편(方便)법륜이다. 무루도품으로써 성문과 연각이라는 2승[二]의 열반을 얻게 하는 것이며, 이것을 방편이라고 한다. 셋은 진실(眞實)법륜이다. 다시 말해 3승[三]이 진실하다고 믿는 허위를 깨뜨리고 일승[一]의 아름다움을 성취하는 것이며, 곧 이것을 진실이라고 한다. 넷은 무여(無餘)법륜이다. 이것은 곧 회통하여 귀일하는 말씀 즉 상주(常住)의 오묘한 의미를 말하는 것이어서 (더 이상 남겨둔 것이 없음 즉) 무여라고 한다. 이 경전은 대승을 종지로 한다. 대승이란 평등하고 위대한 지혜를 말한다. 하나의 선(善)에서 시작하여 지극한 지혜에서 마치는 것 바로 이것이다. 평등이란 이(理)에 다른 귀결은 없고 동일한 종극으로 함께 귀결된다는 것이다. 위대한 지혜란 종극에 있어서의 명칭일 뿐이다. 만약 시말을 통틀어 논한다면 아주 작은[1] 선(善)은 모두 이것이다. 승(乘)은 이(理)의 운행에 따라서 고(苦)를 대신하는 것이라는 의미가 있다. **묘(妙)**란 만약 여래가 뱉은 말과 베푼 가르침에 대해서 논한다면 어떤 경전이 묘하지 않겠는가마는 이 경전을 특히 **묘**라고 한 이유는 이전의 권교로서의 3승의 가르침은 진실이 아니므로 이제 3승은 없다고 말하며, 이것은 당연히 이(理)에 맞고 이전과 같은 허위가 없으므로 **묘**라고 했을 뿐이다. **법(法)**이란 본질적으로[體] **법**이 아닌 것이 없으며, 진실하여 허물이 없다(는 뜻이다).

妙法. 夫至像無形. 至音無聲. 希微絕朕思之境. 豈有形言者哉. 所以殊經異唱者. 理豈然乎. 寔由蒼生機感不一. 啟悟萬端. 是以大聖示有分流之疏. 顯以參差之教. 始於道樹. 終于泥曰. 凡說四種法輪. 一者善淨法輪. 謂始說一善. 乃至四空. 令去三塗之穢. 故謂之淨. 二者方便法輪. 謂以無漏道品. 得二涅槃. 謂之方便. 三者真實法輪. 謂破三之偽. 成一之美. 謂之真實. 四者無餘法輪. 斯則會歸之談. 乃說常住妙旨. 謂無餘也. 此經以大乘為宗. 大乘者. 謂平等大慧. 始於一善. 終乎極慧. 是也. 平等者. 謂理無異趣. 同歸一極也. 大慧者. 就終為稱耳. 若統論始末者. 一豪之善. 皆是也. 乘者. 理運彌載. 代苦為義也. 妙者. 若論如來吐言陳教. 何經非妙. 所以此經偏言妙者. 以昔權三之說非實. 今云無三. 斯則言當理愜. 無昔虛偽. 謂之妙耳. 法者體. 無非法. 真莫過焉.

---

1) 소(疏)의 주석에 豪與毫同下同.

〈**연화**〉. 아하! 참으로 이 경전이다. 진실로 그 모습의 오묘함이 연꽃만한 것은 없다. 연꽃의 아름다움은 꽃이 활짝 피기 시작하는 데 있다. 꽃이 활짝 피게 되면 곧 씨앗이 안에 가득 차고, 색과 향과 맛이 갖추어지며, 이것을 분다리[2)]라고 한다. 3승[三]이 없다는 말도 사실은 이와 같은 것이다. 허망한 얘기는 이미 사라지고 진실한 말씀만 있을 뿐이다. 진실한 말씀이 이미 퍼뜨려져 귀일의 열매가 바로 그 가운데 나타나는 것이다.

蓮花者. 嗟茲經也. 然器象之妙. 莫踰蓮華. 蓮華之美. 榮在始敷. 始敷之盛. 則子盈於內. 色香味足. 謂之分陀利. 無三之唱. 事同之也. 虛談旣亡. 真言存焉. 誠言旣播. 歸一之實. 顯乎其中矣.

〈**경**〉. 세상의 씨줄과 날줄은 흰 비단을 만들어 낸다. 여기서의 경위는 수행자에게서 진실한 빛의 무늬로 드러나는 것이다.

經者. 世之經緯. 成自素帛. 斯之經緯. 顯乎行者真光之綵也.

---

2) 산스크리트어 puṇḍarīka의 간략한 음역(音譯)으로서 흰색의 연꽃을 가리킨다.

# 묘법연화경소 상권

# 妙法蓮華經疏卷上

# 1. 서품(序品)

〈서품〉.[1] 말을 해나가는 데는 반드시 차례가 있기 마련이다. 장차 미묘한 말을 하려고 하므로 먼저 단서를 드러낸다. 이 품은 곧 나머지 여러 편을 풀어가는 실마리이며, 법화의 해와 달이다. (이 품에서는) 또 중생[物]의 눈과 귀를 놀라게 해서 그들의 들으려는 마음[情]을 엄숙하게 한다. 이 경전이 밝히는 바는 대략 3단이다. 서품에서 시작하여 안락행(安樂行)까지의 이 13품[2]은 3승의 인[三因]이 1승의 인[一因]이 됨을 밝힌다. **용출(踊出)**[3]부터 **촉루품(屬累品)**[4]까지의 이 8품은 3승의 과[三果]를 변별한다. **약왕(藥王)**[5]부터 **보현(普賢)**[6]에서 끝나는 이 6품은 3승의 사람[三人]을 가지런하게 하여 1승의 사람[一人]이 되게 한다. 이것은 바로 가르침[其]들이 전혀 별개라는 생각[情]을 쓸어버려 가르침의 분류(分流)에 따른 막힘을 없애는 것이다.

**序品者. 夫與言立語. 必有其漸. 將欲命乎微言. 故顯瑞於先. 斯則眾篇之梓胤. 法花之日月. 亦駭物視聽. 肅其欲聞之情也.**

---

1) 『妙法蓮華經』(T09), 01c18. 이하 경명(經名)은 『법화경』으로 표기한다.

2) 현행본 『법화경』에서 서품부터 안락행품까지는 총14품이다. 현행본 『법화경』 중의 提婆達多品第十二가 생략되어 있다. 제바달다품에 관련해서 구마라집이 『법화경』을 번역했을 때부터 있었는지, 후대에 삽입된 것인지 등에 관해서는 다소 논란이 있다. 다만, 도생의 소(疏)는 구마라집이 번역한 『법화경』에 대한 초기 주석서이며, 이 품을 언급하고 있지 않다는 점은 분명하다.

3) 『법화경』, 從地踊出品第十五.

4) 『법화경』, 囑累品第二十二.

5) 『법화경』, 藥王菩薩本事品第二十三.

6) 『법화경』, 普賢菩薩勸發品第二十八.

此經所明. 凡有三段. 始於序品. 訖安樂行. 此十三品. 明三因為一因. 從踊出. 至于屬累品. 此八品辨三果. 從藥王終於普賢. 此六品均三人為一人. 斯則蕩其封異之情. 泯其分流之滯也.

**〈이와 같이〉.**[7] 경전을 전하는 사람의 말이다. 경전이 먼 후대까지 전해지면서도 소리가 그쳐 끊어지지 않는 까닭은 연유가 있다. 세상에서 통행증[符印]이 있다면 관문이 있더라도 통과하지 못하는 일은 없는 것처럼, 경전이 다섯 가지 사항[五事][8]으로써 그 첫 머리를 인증하는 것 역시 이 도(道)가 어렵더라도 통하지 못하는 일을 없게 하려는 것이다. **같이[如]**란 이(理)에 합당하다는 말이다. 말과 이(理)가 서로 순응함을 **같이[如]**라고 하는 것이다. **이[是]**란 틀림없이 부합하다이며, 이것은 여래의 일체 말씀을 가리키는 것이다.

如是者. 傳經者辭也. 所以經傳遐代. 休音不絶者有由. 而然如世有符印. 則無關而不過. 經以五事. 印其首者. 亦令斯道. 無難而不通矣. 如者當理之言. 言理相順. 謂之如也. 是者. 無非之稱. 此目如來一切說也.

**〈나는 들었다〉.**[9] 바야흐로 이것을 아직 듣지 못한 사람에게 전하려고 하는 것이다. 만약 전해지지 않은 말씀이 있다면, 곧 시설한대로 따르며 자기가 설법하는 것이 아니라 전달한다는 것이 중요하다.

---

7) 『법화경』, 01c19.

8) 여시(如是), 아문(我聞), 일시(一時), 불주(佛住), 여대비구중(與大比丘衆)의 다섯 가지를 가리킨다. 이 다섯 가지 사항은 일반적으로 불경에서 정형구문으로 사용된다.

9) 『법화경』, 01c19.

도(道)를 귀중하게 여겨 (자기 자신마저도) 아울러 잊은 것이라고 할 수 있다. 나를 버리고 들은 대로 따르며, 들은 바는 부처에게서 온 것이지 자기 마음[心]이 아님을 밝힌다. 그래서 경전이 세대를 거쳐 전해져도 오묘한 궤적은 끊어지지 않는 것이다.

我聞. 將欲傳之於未聞. 若有言而不傳. 便是從設. 不在能說. 貴在能傳. 可謂道貴兼忘者也. 廢我從聞. 聞從於佛來. 明出非己心. 故經傳歷世. 妙軌不輟也.

**〈한때〉.**[10] 말씀이 비록 이(理)에 합당하더라도 혹 때에 맞지 않으면 또한 허망한 말이 된다. 그러므로 다음으로 **한때**를 밝힌 것이다. **때[時]**란 중생의 근기는 성인과 감통하고 성인이 그에 맞게 응수해서 범부와 성인이 도(道)로써 교유하는 좋은 시기를 놓치지 않는 것 이것을 **한때**라고 한다.

一時. 言雖當理. 若不會時. 亦為虛唱. 故次明一時. 時者. 物機感聖. 聖能垂應. 凡聖道交. 不失良機. 謂之一時.

**〈부처께서 왕사성에 계셨다〉.**[11] 법신은 비록 없는 곳이 없지만 만약 설법한 장소를 기록하지 않는다면 오히려 허무맹랑해진다. 결국 이것을 서술해서 설법을 증명하는데, 이곳 (즉 왕사성 주변의 다섯 개) 산에 있는 다섯 곳 중 어디에서 설법했는가? **기사굴산**[12]의 정사(精舍)다.

10) 『법화경』, 01c19.
11) 『법화경』, 01c19. 경문은 '在'가 아니라 佛住王舍城이다.
12) 『법화경』, 01c19.

佛在王舍城. 法身雖無不在. 若不記說之處. 猶為猛浪. 不得不序之證說. 此山有五處. 於何說耶. 耆闍崛山精舍也.

**〈위대한 비구들과 함께〉.**[13] 만약 설법을 들었다 해도 혼자서 들었다고 한다면 그 말을 믿기가 어렵다. 가령 우리들이라거나 여럿이라고 했다면 혼자였다는 (의심을) 면치 못한다. (그래서) 같이 들은 사람들을 밝힌다. (이상의 다섯 가지) 모두는 (전승자인) **내**[14]가 경전을 입증하려고 우선 제시하는 것이다. **비구**란 악을 깨뜨린 사람의 통칭이다. 먼저 성문을 나열하고 뒤에 보살을 열거하는 까닭은 안팎의 차이가 있어서다. 안은 곧 국한이 있고 밖은 한정이 없으므로 마땅히 그래야 한다. 또 부처의 교화는 가까운 데서부터 멀리까지 나아가 도(道)가 존재하지 않음이 없음을 나타낸다. **위대하다**는 것은 (불교 이외의 가르침을 따르는) 96가지 외도 보다 그들이 뛰어나다는 것이다.

與大比丘衆. 若聞而獨. 由亦難信. 縱使我等及凡. 未勉於獨. 明共聞之人. 皆是我上. 擧以證經. 比丘者. 破惡之通稱也. 所以先烈聲聞. 後菩薩者. 斯則內外之異. 內則有局. 外無方. 故宜爾也. 亦表佛化. 自近而之遠. 道無不在矣. 大者. 於九十六種. 為其寂也.

**〈아야교진여〉.**[15] **아야**는 송나라 말로 무학지(無學智)를 얻었다는 뜻이다. **교진여**는 성씨다. 최초로 득도함으로 인해서 붙여진 이름이다.

---

13) 『법화경』, 01c20.

14) 『법화경』, 01c19.

15) 『법화경』, 01c22. (산)Ajñātakauṇḍinya.

阿若憍陳如. 阿若. 宋云得無學智也. 憍陳如姓也. 最初得道. 因為名焉.

〈**마하가섭**〉.[16] **마하**는 크다는 뜻이며, **가섭**은 성씨다. 그는 이미 나이가 많이 들었고 아울러 덕(德)이 있었기 때문에 그렇게 부른 것이다. **가섭**은 바라문의 성씨다.

摩訶迦葉. 摩訶大也. 迦葉姓也. 其既年耆. 兼復懷德. 故云爾也. 迦葉. 婆羅門姓.

〈**우루빈나**〉.[17] **우루빈나**는 모과나무 숲이란 뜻이다. 그는 항상 이 숲에 머물렀으므로 그 장소를 이름으로 삼았다.

優樓頻螺. 優樓頻螺木苽林也. 其常住此林. 以處為名.

〈**가야가섭**〉.[18] **가야**는 성(城)의 명칭이다. 이 성 옆에 머물렀으므로 이름으로 삼았다.

伽耶迦葉. 伽耶城名也. 住此城側. 即以為名.

〈**나제**〉[19]는 강 이름이다. 이 강가에서 살았으므로 자(字)로 삼았다.

那提是河名也. 生此河邊. 因以為字.

〈**사리불**〉.[20] 이것은 어머니의 이름이다. 그 어머니의 눈이 사리조

16) 『법화경』, 01c22. (산)Mahākāśyapa.
17) 『법화경』, 01c22. 경문은 優樓頻螺迦葉이다. (산)Uruvilvākāśyapa.
18) 『법화경』, 01c23. (산) Gayākāśyapa.
19) 『법화경』, 01c23. 경문은 那提迦葉이다. (산)Nadīkāśyapa.

(舍利鳥)와 닮아서 붙여진 이름이다. **불(弗)**이란 자식이란 뜻이다. 어머니인 **사리**는 말 잘하는 재주가 높아서 천하가 아는 바 그래서 어머니의 이름을 따서 **사리**라고 한 것이다.

舍利弗. 是母名也. 其母眼似舍利鳥. 因為名也. 弗者子也. 舍利母. 高才善論. 天下所識. 故因母名. 名舍利也.

**〈대목건련〉.**[21] 자(字)는 구율타이며, 바라문 종성의 출신이다.

大目揵連. 字拘律陀. 出婆羅門種姓也.

**〈마하가전연〉.**[22] 남천축 바라문 성씨다. 즉 본래의 성씨를 이름으로 삼았다.

摩訶迦旃延. 南天竺婆羅門姓. 即以本姓為名.

**〈아토루타〉.**[23] 송(宋)나라 말로 '죽지 않음[不沒]'이란 뜻이다.

阿菟樓馱. 宋云不沒.

**〈겁빈나〉**[24]는 자(字)인데 이것을 번역할 말은 없다.

劫賓那是字也. 無語譯之.

**〈교범파제〉.**[25] **교범**은 소[牛]란 뜻이고 **파제**는 발[足]이란 뜻이다.

---

20) 『법화경』, 01c23. (산)Śāriputra.
21) 『법화경』, 01c24. (산)Mahāmaudgalyāyana.
22) 『법화경』, 01c24. (산)Mahākātyāyana.
23) 『법화경』, 01c24. (산)Aniruddha.
24) 『법화경』, 01c24. (산)Kapphina.

태어나 보니 다리가 우족(牛足, 소의 발)과 닮았기 때문에 그를 우족이라고 부르게 되었다.

憍梵波提. 憍梵名牛. 波提曰足. 生即脚似牛足. 因號其為牛足.

**〈이바다〉.**[26] 별자리 이름이다. 이 별자리가 나타날 때 태어났으므로 이름으로 삼았다.

離婆多. 宿名也. 此宿出時生. 即以為名.

**〈필릉가바차〉.**[27] **필릉가**는 자(字), **바차**가 성(姓)이다.

畢陵伽婆嗟. 畢陵伽字也. 婆嗟姓也.

**〈박구라〉.**[28] (한역漢譯한) 이름은 비성(肥盛 : 비옥하고 풍성함)이다.

薄拘羅. 名肥盛也.

**〈마하구치라〉.**[29] 대슬(大膝 : 큰 무릎)이라는 이름이다.

摩訶拘絺羅. 名大膝也.

**〈난타〉.**[30] (한역漢譯한) 이름은 환희이며 곧 이는 부처의 동생이다.

難陀名歡喜也. 即是佛弟也.

---

25) 『법화경』, 01c25. (산)Gavāṃpati.
26) 『법화경』, 01c25. (산)Revata.
27) 『법화경』, 01c25. (산)Pilindavatsa.
28) 『법화경』, 01c25. (산)Bakkula.
29) 『법화경』, 01c26. (산)Mahākauṣṭhila.
30) 『법화경』, 01c26. (산)Nanda.

**〈손다라난타〉.**[31] (한역漢譯한) 이름은 유유(柔濡)이며, 단정과 환희라는 뜻이다.

孫陀羅難陀. 名柔濡. 端政歡喜也.

**〈부루나〉**[32]는 성씨고 **미다라니**의 아들이며, 만원(滿願)이라고도 한다. **미다라니**는 어머니의 자(字)다. 그의 어머니는 말재주가 있고 매우 지혜로워서 많은 사람들에게 알려졌다. 사람들이[33] 그 어머니를 귀하게 여겨서 그 성씨를 불렀기 때문에 어머니의 이름으로써 자식을 이름붙인 것이다.

富樓那姓也. 彌多羅尼子. 亦云滿願. 彌多羅尼. 母字也. 其母辨才大智. 多人所識. 母貴其母. 故稱其姓. 因母為名. 名子也.

**〈수보리〉.**[34] (한역漢譯한) 이름은 선길(善吉)이며, 공생(空生)이라고도 한다.

須菩提名善吉. 亦曰空生.

**〈아난〉.**[35] 모습이 단정하여 사람들이 보면 환희했다. 아난은 부처가 성도(成道)한 날에 태어났다. 그래서 환희라고 했다.

阿難色貌端政. 人見歡喜也. 是佛成道日生. 故謂歡喜.

---

31) 『법화경』, 01c26. (산)Sundarananda.

32) 『법화경』, 01c26. 경문의 富樓那彌多羅尼子. (산) Pūrṇamaitrāyaṇīputra.

33) 소(疏) 본문은 母이지만 주(註)에도 母疑人이라고 하며, 문맥상으로도 人으로 해석하는 것이 자연스럽다.

34) 『법화경』, 01c27. (산)Suphūti.

35) 『법화경』, 01c27. (산)Ānanda.

**〈라후라〉.**[36] 송(宋)나라 말로 '내놓지 않음[不放]'이란 뜻이다. 6년 간 어머니의 태(胎) 중에 있어서 불방이라고 하는 것이다.

羅睺羅. 宋云不放. 六年在胎. 謂之不放.

**〈모인 지식인들〉.**[37] 이 모든 성문(聲聞)들은 안으로는 덕이 분명하고, 밖으로는 이름을 날렸다. 멀리 있든 가까이 있든 (사람들이) 마음을 기울이니 누가 그들을 모르겠는가. 이름을 열거하여 그 덕(德)을 찬탄한 까닭은 대략 소승의 법(法)이 보살도에 즉(卽)한다는 것을 밝힌 것이다.

衆所知識. 此諸聲聞. 德著於內. 名揚於外. 遐邇傾心. 孰不識哉. 所以列名歎德者. 大明小乘之法. 即菩薩道也.

**〈마하파사파제〉.**[38] 다음에 열거된 것은 비구니 대중이다. **마하파사파제**는 송(宋)나라 말로 대애도(大愛道 : 큰 사랑의 길)라고 한다.

摩訶波闍波提. 次列尼衆. 摩訶波闍波提. 宋言大愛道.

**〈라후라의 어머니 야수다라〉.**[39] 송(宋)나라 말로 지승원문(持勝遠聞 : 멀리까지 뛰어나다고 소문남)이라고 한다.

羅睺羅母耶輸陀羅. 宋云持勝遠聞.

**〈보살 8만인〉.**[40] 성문(聲聞)이란 본래 고(苦)를 다 없애는 것을 의

36) 『법화경』, 01c27. (산)Rāhula.
37) 『법화경』, 01c28.
38) 『법화경』, 01c29. (산)Mahāprajāpatī.
39) 『법화경』, 02a01. (산)Rāhulamātṛ Yaśodharā.

미로 삼는다. 그래서 속박[累]이 없는 (그들을) 앞서 말했다. 보살의 도(道)는 발심하여 중생과 아울러 해탈[兼被]하는 것이지 중생과 같이 속박[袪結]되는 데 있지 않다. 오로지 중생[物]을 제도하는 분명한 방법을 원한다. 그들만이 총지(總持, 다라니)에서 4변(四弁)[41]까지를 (갖췄다). 그래서 우선은 궁색한 사람을 도와주는 묘술을 펼치고, 결국에는 사람들을 무량하게 제도하는 것이다.

菩薩八萬人. 聲聞本以盡苦為義. 故先言累亡. 菩薩之道. 發心兼被. 不存袪結. 唯欲濟物之然方. 其唯總持. 乃至四弁. 故先序其振秡之妙術. 終云度人無量也.

**〈여러 부처에게 공양함〉.**[42] 이것은 예전의 원인[因] 행위를 말하는 것이다. 供養諸佛. 此言昔因之行也.

**〈자비로써 수신하여〉.**[43] 이하는 보살의 3업의 공덕을 밝힌 것이다. 힘없고 불쌍한 이들을 힘써 도와주는 것이 **자비로써 수신하는** 것이다. 신(身)이라고 했지만 구(口)와 의(意)도 같이 포함한다.

以慈修身. 自下. 明菩薩三業之功也. 愍育弱喪. 以慈修身也. 言身. 兼口意也.

**〈큰 지혜를 통달해서〉.**[44] **큰 지혜[此]**는 바로 자신이 얻은 바를

40) 『법화경』, 02a02. 경문은 菩薩摩訶薩八萬人이다.

41) 四無碍辯의 줄임말. 四無碍智, 四無碍解라고도 한다. 간략히 말해서, 4종류의 자유자재하여 장애가 없는 이해와 표현 능력을 의미한다.

42) 『법화경』, 02a04. 경문은 供養無量百千諸佛이다.

43) 『법화경』, 02a06.

말한다. 이하에서는 **통달**이라고만 한다.

**通達大智. 此語其自己之所得. 於下為通達耳.**

**〈피안에 도달했고〉.**[45] 궁극적으로 도달한 곳을 말한다.

**到於彼岸. 窮其所到云爾.**

**〈이름이 널리 퍼져〉.**[46] 덕(德)은 안으로 현저하고, 이름은 밖으로 알려졌다. 공덕과 명성이 이미 분명해져서 곧 밖으로 소문이 퍼진 것이다.

**名稱普聞. 德著於內. 名流于外. 功名既著. 則流聞於外.**

**〈석제환인〉.**[47] 이는 제2천(도리천)의 제왕으로서 네 진영(鎮營)의 천왕을 거느린다. 모든 용(龍)과 귀신을 제어하여 중생을 함부로 해치지 않고, 나아가 항상 공덕을 닦도록 한다. 해와 달을 깨끗하고 밝게 다스린다. 그는 종종 널리 알리는[對揚][48] 주체가 된다. 그래서 첫 부분에 내세운 것이다. (이하의) 8부 귀신은 신(神)으로서 형체를 바꾸거나 모습을 고쳐 천인이나 인간이 될 수 있다. 그래서 두 가지의 사이이므로 (석제환인) 다음의 순서인 것이다.

---

44) 『법화경』, 02a06.

45) 『법화경』, 02a06.

46) 『법화경』, 02a07.

47) 『법화경』, 02a15. (산)Śakradevānāmindra.

48) 對揚. 임금의 명(命)을 받들어 그 뜻을 널리 인간 백성에게 드높인다는 의미다. 이 표현의 출처는 『尙書』, 「第三篇 商書」, 說命下第十四의 "敢對揚天子之休命" 및 「第四篇 周書」, 君牙第二十七의 "對揚文武之光命"이다.

釋提桓因. 是第二天帝. 領四鎮天王. 勅制諸龍鬼. 不妄犯衆生. 然恒修功德. 致令日月精明. 其屢為對揚之主. 故建初言之. 八部鬼神. 神者能殊形改狀. 或天或人. 故於二者中間. 次序之焉.

**〈네 명의 위대한 천왕〉.**[49] 수미산 동쪽(을 담당하는 천왕)은 제두뢰타, 남쪽(을 담당하는 천왕)은 치국, 서쪽(을 담당하는 천왕)은 박차, 북쪽(을 담당하는 천왕)은 비사문이라고 이름 한다. 이들은 제석의 지휘를 받는다.

四大天王. 須彌山東. 名提頭賴吒. 南名治國. 西名博叉. 北名毗沙門. 是帝釋所領.

**〈8용왕〉.**[50] 이 용왕들은 모두 환희라고 이름 한다. 사람의 몸으로 나타나 왕사성에 살았다. 만약 오랜 가뭄이 들면 국왕과 대신들은 모두 그들에게 달려가 기원했다. 곧 단비가 내려서 온 나라를 윤택하게 했으며, 사람들이 기뻐했으므로 환희라고 부른다.

八龍王. 此諸龍王. 皆名觀喜. 現為人身. 居王舍城. 若天亢旱. 國王大臣. 皆往求之. 便降甘雨. 雨潤一國. 人見欣悅. 故名歡喜.

**〈네 명의 긴나라왕〉.**[51] 송(宋)나라 말로는 '사람이면서 사람이 아님[人非人]'이라고 한다. 그 형체는 단정하지만 머리에 뿔이 하나 있다. 이들은 천제 밑에서 음악을 집정(執政)하는 신들이다.

49) 『법화경』, 02a16.
50) 『법화경』, 02a20.
51) 『법화경』, 02a24. (산)Kinnara.

有四緊那羅王. 宋云人非人. 其形端政. 而頭有一角. 是天帝執樂神也.

**〈네 명의 건달바왕〉.**[52] 이들 또한 천제 밑에서 음악을 집정(執政)하는 신들이다. 다만 뿔이 없다는 점이 다를 뿐이다.

有四乾闥婆王. 亦是天樂神. 但無角為異耳.

**〈아수라왕〉.**[53] **아**는 없음이라는 뜻이고, **수라**는 술을 의미한다. 그는 예전에 바라문종이었으며, 정행(淨行)을 닦아 술을 마시지 않았다. 때문에[54] 이름이 되었다.

阿修羅王. 阿云無也. 修羅曰酒. 其昔是婆羅門種. 淨行不飲酒. 曰為名焉.

**〈가루〉.**[55] 송(宋)나라 말로는 공행(空行 : 공중으로 다니다)이라고 한다. 금빛 날개를 가진 조신(鳥神)이다.

迦樓. 宋云空行. 金翅鳥神也.

**〈위제희의 아들 아사세왕〉.**[56] **위제희**는 어머니의 자(字)이다. **아사세왕**은 송나라 말로 미생원(未生怨 : 아직 태어나지 않은 원망)이

---

52) 『법화경』, 02a26. (산)Gandharva.

53) 『법화경』, 02a28. (산)Asura.

54) 소(疏) 본문은 曰이지만 주(註)에도 曰疑故라고 하며, 문맥상으로도 故로 해석하는 것이 자연스럽다.

55) 『법화경』, 02b02. 경문은 迦樓羅王. (산)Garuḍa.

56) 『법화경』, 02b05.

라고 한다. 임신 중에 항상 병사왕(洴沙王 : 빔비사라왕)에 대한 나쁜 마음이 있었으므로 아직 태어나지 않은 원망이라고 이름 한 것이다. **위제희**가 낳았으므로 **위제희의 아들**이라고 한다.

**韋提希子阿闍世王. 韋提希. 母字也. 阿闍世王. 宋云未生怨也. 懷任時. 常有惡心於洴沙王. 故名未生怨也. 韋提所生故. 謂韋提希子也.**

**〈그때 세존은 4부 대중에게 둘러싸여〉.**[57] 지극한 덕(德)은 이미 두텁고 위엄은 해와 달을 넘어선다. 때문에 사람과 천인을 서로 모이게 하여 한 마음으로 우러르게 한다. 기꺼이 모든 사람[蒼生]이 허망한 것을 보내버리고 진실로 돌아가도록 혜택을 준다.

**爾時世尊四衆圍遶. 至德既重. 威踰日月. 故使人天交萃. 有心同仰. 慶沾蒼生. 令虛往而實返也.**

**〈공양과 공경〉.**[58] **공양**은 재물로써, **공경**은 엄숙한 자세로써 하는 것이다.

**供養恭敬. 供養以捨財. 恭敬以肅儀.**

**〈존중과 찬탄〉.**[59] **존중**이란 받들어 귀하게 여기는 마음[意]이며, 그 정(情)이 임금과 아버지에 대한 것을 넘어서고 있다. **찬탄**이라고 한 것은 이미 덕(德)에 대한 흠모가 마음 속[內]에 있어서 노래처럼

57) 『법화경』, 02b07.
58) 『법화경』, 02b07.
59) 『법화경』, 02b07.

밖으로 흘러나왔다는 것이다.

尊重讚歎. 尊重者. 崇貴之意. 情踰君父. 讚嘆者. 旣欣德在內. 流詠於外也.

**〈대승 경전을 설법했으며〉.**[60] 3승은 외부 (사정)에 따른 것이어서 자취가 이(理)와 반대다. 문자에 집착해서 취지[61]에 어긋나므로 어떻게 일승의 말씀에 놀라지 않을 수 있겠는가. 장차 『법화경』을 설법할 것이다. 때문에 먼저 정의(情意)에 맞춰서 인도하기 위해 『무량의경』을 설법했다. 이미 막힌 지가 오래되어 갑자기 3승은 없다는 말을 들으면 돌연 이전까지 좋아하던 것과 어긋나게 된다. 이전까지 좋아하던 것과 어긋나면 곧 피안을 바라지만 되돌아오게 된다. 피안을 바라지만 되돌아온다는 것은 곧 대도(大道)가 가려진다는 것이다. 그러므로 마땅히 점차적인 것이다.

說大乘經. 三乘外順. 迹與理反. 執文乖旨. 則何能不駭一乘之唱. 將說法華. 故先導達其情. 說無量義. 其旣滯迹日久. 忽聞無三. 頓乖昔好. 昔好若乖. 則望岸而返. 望岸而返者. 則大道廢焉. 故須漸也.

**〈무량한 의미〉**[62]란 모습[相]이 전혀 없어서 많고 적음이나 깊고 얕음도 없으며,[63] 오직 부처로 나아가는 수행을 말하는 것일 뿐이

60) 『법화경』, 02b08.

61) 경전 내용상 旨는 昔일 가능성이 있다. 즉 이전에 들었던 가르침을 의미할 수도 있다.

62) 『법화경』, 02b08.

63) 본문은 …深淺. 也唯… 이지만, 也는 앞으로 붙여야 한다. 방점 오류인 것 같다.

다.[64] 말씀의 취지에 진실이 있음을 **의미**가 **무량**하다고 한다. 이(理)가 폭넓어서 기나긴 고통에서 벗어남을 대승(大乘)이라고 하는 것이다. 오직 보살만이 배울 수 있으므로 이들을 위하여 설법한 것이다.

無量義者. 是相皆無. 無有多少深淺. 也唯說趣佛之行. 耳言旨有實謂之義無量. 理廣而脫長塗之苦. 為大乘也. 唯菩薩能學. 為之說也.

**〈보살을 가르치는 법〉.**[65] 보살은 아직 이(理)를 완전하게 하지 못했다. 마땅히 이들을 가르쳐야 한다.

教菩薩法. 菩薩未盡理. 應以教之.

**〈부처가 지키고 생각하는 것〉.**[66] 부처는 이(理)를 다하여 완전함을 **지키고**라고 했으며, 영원토록 망실하지 않음을 **생각하다**라고 했다.[67]

佛所護念. 佛盡理全為護. 永無忘失. 為念

**〈무량의삼매〉.**[68] 움직이거나 멈추거나 하는 모습은 중생[物]에게만 있을 뿐 성인이 어찌 그러하겠는가. 이(理)를 궁구하여 그 본성을 다함[69]을 **무량의삼매**라고 하는 것이다. 이 삼매[定]에서 일어나 하는 말씀들은 어떠한 오류도 허용하지 않는다. 그러므로 마땅히 이것을

---

64) 본문은 …之行. 耳言… 이지만, 耳는 앞으로 붙여야 한다. 방점 오류인 것 같다.
65) 『법화경』, 02b08.
66) 『법화경』, 02b08.
67) 본문은 …忘失. 為念…이지만, 為念은 앞으로 붙여야 한다. 방점 오류인 것 같다.
68) 『법화경』, 02b09. 경문은 無量義處三昧이다.
69) 窮理盡性. 이 표현의 출처는 『易經』, 「說卦傳」第三章의 "窮理盡性以至於命"이다.

밝혔다.

無量義三昧. 夫動靜唯物. 聖豈然乎. 窮理盡性. 謂無量義定. 從此定起. 凡有所言. 不容有謬. 故須明之.

**〈만다라꽃〉.**[70] 이미 선정[定]에 들었으므로 신묘하게 천지와 감응한다. 하늘은 꽃비를 내리고 땅은 진동하는 것이다. 천지가 이미 감응하는데 사람이 어찌 침묵하겠는가. 상서로운 길조가 있으므로 반드시 범상치 않은 말씀이 있을 것이다. 이때의 정황은 생각을 기울이게 하여 의문 또한 깊어지며, 깊어진 의문이 쌓이므로 깨달음 또한 깊어진다.

曼陀羅華. 既入至定. 則神感天地. 天為雨華. 地為振動. 天地既感. 人安嘿乎. 嘉瑞既祥. 必有非常之說. 時情傾想. 致疑亦深. 深疑既積. 悟亦淵矣.

**〈하늘이 4가지 꽃비를 내려〉.**[71] 이로써 4과(四果 : 수다원과, 사다함과, 아나함과, 아라한과)가 진실이 아님을 나타낸다.

天雨四花. 以表四果之非實.

**〈땅이 진동함〉.**[72] 이로써 4과(四果)가 상주하지 않음을 나타낸다. 또한 6도(六道)에도 대오(大悟)가 나누어져 있음을 나타내며 아울러

70) 『법화경』, 02b10.

71) 『법화경』, 02b10. 경문은 是時天雨曼陀羅華. 摩訶曼陀羅華. 曼殊沙華. 摩訶曼殊沙華.(그 때 하늘에서는 만다라꽃·마하만다라꽃·만수사꽃·마하만수사꽃을 비처럼 내려)이다.

72) 『법화경』, 02b12. 경문은 六種震動이다.

무상(無常)을 드러내는 것이다.

地動者. 以表四果之非住. 亦顯六道大悟分發. 兼明無常也.

**〈한마음으로 부처를 생각했다〉.**[73] 반드시 기이한 말씀이 있을 것임을 알고 그 기이한 말씀을 듣기 위해 기다리는 것이다.

一心觀佛. 知必異說. 遲聞奇唱.

**〈미간의 흰털에서 빛을〉.**[74] 일승(一乘)의 중정(中正)[75]의 도(道)는 이승(二乘)의 더러움으로 가려짐이 없음을 표현한다. 이것을 이마에 드러내어 공덕의 바른 모습을 보여주는 것이다. 이 빛이 이미 비춰서 이 지혜는 반드시 두루 퍼진다.

眉間白毫相光. 以表一乘中正之道. 無二乘垢翳. 顯之在額. 示功平之相. 斯光既耀. 斯智必被矣.

**〈동방으로 비추며〉.**[76] 동방은 모든 방위의 으뜸[77]이다. 이로써 일승은 삼승의 묘체(妙體)가 됨을 나타낸다. 또 큰 것을 깨달은 사람은 그윽하기 때문에 영원히 비춘다는 것을 나타낸다.

照東方. 東方為群方之昔. 以表一乘為三乘之妙. 亦明悟大者. 冥故不盡照也.

---

73) 『법화경』, 02b16.

74) 『법화경』, 02b16.

75) 中正. 지나치거나 모자라거나 치우침이 없이 올바르다는 뜻이다. 『易經』에서 자주 사용하는 표현이다.

76) 『법화경』, 02b17.

77) 소(疏) 본문은 昔이지만, 주(註)에도 昔疑首라고 하며, 문맥상으로도 首로 해석하는 것이 자연스럽다.

**〈만팔천〉.**[78] 앞에서 비록 한 방향만 비춘다고 했더라도 이 빛이 비추지 못할 곳은 없다는 것을 밝히고자 한다. 그래서 **만팔천**에 기탁하여 한 방향만 비추는 것이 아님을 나타내는 것이다. 위아래로 모두 비췄다는 것은 도(道)가 있지 않은 곳이 없음을 밝힌 것이다.

萬八千. 向雖照一方. 欲明斯光. 能無不照. 故寄之萬八千. 表照無不在一也. 上下洞照者. 明道無不在矣.

**〈그 세계가 다 보였다〉.**[79] 이곳저곳의 모습들이 보였다고 한 까닭은 바른 도(道)는 텅 비어 통하고 장애가 없으며 막힘이 없음을 나타내기 위해서다.

盡見彼土. 所以彼此相見者. 以表正道虛通. 無障礙. 無壅滯.

**〈여섯 갈래의 중생들〉.**[80] **여섯 갈래(의 중생들)**이 보였다고 한 이유는 미혹으로 말미암아 이것이 있다는 것을 설명하기 위해서다.

六趣眾生. 所以見六道者. 明由惑故有此.

**〈또 여러 부처를 보았다〉.**[81] 이미 여섯 갈래가 있게 하는 미혹을 보았다면 반드시 미혹에서 돌이킨 사람이 있어야 한다. 미혹을 돌이킨 사람은 오직 부처뿐이다.

又見諸佛. 既見六趣之惑. 必應有反惑之者. 反惑之者. 其唯佛也.

78)『법화경』, 02b17.

79)『법화경』, 02b19.

80)『법화경』, 02b19.

81)『법화경』, 02b19. 경문은 又見彼土現在諸佛이다.

**〈그리고 여러 부처가 말씀하는 경법을 들었다〉.**[82] 미혹을 돌이켜 이해하고자 한다면 반드시 **법(法)**을 들어야 하므로, 이어서 **말씀하는 경(經)을 들었다**고 말한 것이다.

及聞諸佛所說經法. 欲反迷之解. 必須聞法. 次言聞說經也.

**〈수행하여 득도한 모든 사람들〉.**[83] 모두 이 미혹에서 돌이킨 무리들이다.

諸修行得道者. 悉是返迷之徒.

**〈갖가지 인연〉.**[84] 중생의 근기[神機]는 다양하므로 깨달음을 얻는 방법도 만 갈래임을 밝힌 것이다. 혹은 보시나 지계 등의 실천을 **인(因)**으로 하여 깨닫거나 혹은 불·보살이 중생구제를 위해 변화하는 다양한 모습이나 동작[神變] 등을 **연(緣)**으로 하여 깨닫는다. 때문에 **갖가지**라고 말했다.

種種因緣. 明衆生神機不一. 取悟萬殊. 或因施戒. 或緣神變. 故言種種.

**〈또 여러 부처의 열반을 보았다〉.**[85] 시금의 부처에 비교하려고 그것을 보여주는 것이다. 석가가 열반[泥曰]할 날이 머지않았음을 알아야 한다. 곧 대상에 구속된 마음을 멀리하고, 그 법을 구하는 마음

82)『법화경』, 02b20.

83)『법화경』, 02b21.

84)『법화경』, 02b22.

85)『법화경』, 02b23. 경문은 復見諸佛般涅槃者이다.

을 독실하게 할 뿐이다.

復見諸佛涅槃者. 示彼以方此也. 當知釋迦泥曰不久. 乃遠屬物心. 篤其求法耳.

**〈미륵은 이러한 생각을 했다. ~ 이 상서로움이 있다〉.**[86] 중생들의 생각이 막힌 지가 이미 오래되어 고집이 강하다. 갑자기 이러한 신기한 모습을 보고는 의아해 하며 멍해져버린다. 미륵은 곧 부처가 될 위치[補處]에 있었지만 마음[心]으로는 마찬가지로 생각한다. 그 때의 마음[心]들을 등에 업고 기회를 타서 묻는다. 의문이 이미 많이 쌓여서 깨달음을 초래하는 것 또한 빠를 것이다. 미륵이 질문의 주체가 되어 그것을 해결할 사람을 구함으로써 반드시 명확하고 합당한 해답을 얻게 될 것이다.

彌勒作是念至而有此瑞. 群情懷滯既久. 固執意深. 忽見向之奇相. 抱疑茫然. 彌勒既位居補處. 有心同推. 騰于時心. 乘機而疑. 疑既深積. 招悟亦速矣. 彌勒為疑主者. 以其求決之人. 必得明當也.

**〈그리고 문수에게 질문했다. ~ 광명을 비추어서〉.**[87] 앞(의 내용)에서, 먼저 **선정에 들자 꽃비가 내리고 땅이 진동한**[88] 이유는 장차 일승을 드러내기 위해서였으며, 일승의 빛이 뒤따른다는 것을 표현한 것이다. 그런데 일승은 이 모임을 베푼 본래 의미다. 그래서 미륵

86) 『법화경』, 02b24~26. 경문은 '彌勒作是念'이 아니라 彌勒菩薩作是念이다.
87) 『법화경』, 02c05~06. 경문은 '放光明'이 아니라 放大光明이다.
88) 『법화경』, 02b09~12.

이 이제 먼저 빛을 발한 이유를 질문한다. 열거된 순서는 각각 의미[義]와 의도[旨]가 있다. 다음으로 당연히 꽃비와 땅의 진동에 대해 질문할 것인데 경전에서는 생략하고 말하지 않는다. 게송 중에서 그것에 대한 질문을 당연히 갖추고 있다.

而問文殊至放光明. 前所以先入定雨花動地者. 將為顯於一乘故. 表一乘之光在後也. 然一乘是與會之本意. 是以彌勒今先問放光. 互舉前後. 各有義旨. 次應問雨花動地. 略而不言. 偈中當備問之.

**〈게송으로 질문하다〉.**[89] 게송을 짓는 데는 대개 네 가지 의미가 있다. 첫째, 뒤에 온 사람들을 위해서다. 둘째, 아직 이해하지 못한 무리들을 위해서다. 셋째, 산문에서 생략한 것이 있기 때문에 게송으로써 더 설명한다. 넷째, 한없이 중생을 생각하는 마음[情]을 노래와 손짓으로 표현하는 것이다. 미륵은 앞서 조야하더라도 요점을 질문했고, 이제는 내용을 갖추어 말하는 것이다. 먼저 문수의 이름을 드러낸 이유는 당시 중생[情]들의 이목을 집중시키기 위해서다. 기쁘게 받드는 마음이 이미 지극한 후에 그 말을 듣는다면 마음[情]에 빈틈이 없을 것이다.

以偈問曰. 偈頌之作. 凡有四義. 一為後來之徒. 二為未悟之屬. 三以長行略故. 偈以廣之. 四以罔極之情. 詠歌手儛. 彌勒向雖粗問其要. 今備言其事也. 所以先標文殊名者. 使時情注其耳目. 欣仰既至. 後聞其言. 情無間然矣.

89) 『법화경』, 02c08.

**〈이제 마땅히 간략히 말합니다〉.**[90] 보고 들은 것이 이미 광대해서 다 갖춰 말하기가 어려운 것이다.

**今當略說. 見聞既廣. 難以言備.**

**〈내가 본 저 세계〉.**[91] 이하의 여러 구절에서 **갖가지 인연(因緣)**[92], 갖가지 신해(信解)를 노래한다. **갖가지**[93]란 혹은 계율 혹은 보시로서 그 일은 한 가지가 아니다. 이하에 열거된 6바라밀[六度]의 모든 수행은 곧 순서가 없으며, 의도에 따라 이것을 바꿀 수 있다. 이때 모이게 해서 그들에게 선악을 보여주는 이유는 악을 제거하고 선을 닦도록 하기 위해서다. 또 지혜의 빛이 비추지 못하는 곳이 없음을 나타낸다.

**我見彼土. 自下. 多頌上種種因緣. 種種信解. 種種者. 或戒或施. 其事非一. 下所列六度諸行. 乃無次第. 可以意消息之. 所以令此時會. 見彼善惡者. 欲使去惡修善. 亦表智光無所不鑒也.**

**〈문수사리가 미륵에게 말했다. 내가 생각하기로는〉.**[94] 현묘한 이(理)는 그윽하고 깊어서 헤아릴 수 있는 영역 밖으로 나간다. 미륵 자신은 궁극적이고 깊은 이(理)를 증득한 것이 아닌데 어떻게 이것을 제멋대로 펼치겠는가. 영장(郢匠)[95]을 문수에게 맡겨야 한다. 또 생

---

90)『법화경』, 03a06.

91)『법화경』, 03a06.

92)『법화경』, 03a07.

93)『법화경』, 03a07.

94)『법화경』, 03c11. 경문은 文殊師利語彌勒菩薩摩訶薩及諸大士. 善男子等. 如我惟忖이다.

95) 郢匠. 솜씨 좋은 장인(匠人)을 의미한다. 출처는『莊子』「雜篇」, 第24篇 徐无鬼

**각한다[惟忖]**란 확실한 해답[了]은 분명히 부처에게 있음을 밝히고 그래서 믿는 마음을 도탑게 하는 것이다. 이하는 대략 4단계에 걸쳐 곧 법화를 설법할 것임을 입증한다. 첫 단계, 문수는 이(理)가 미묘하다는 것을 알고서 함부로 분간하여 배제하지 못하고 상세히 발언한다. 때문에 **내가 이제 생각하건대 큰 법을 말씀하려고 한다**[96]고 말한다.

文殊師利語彌勒. 如我惟忖. 夫玄理幽淵. 出乎數域之表. 自非證窮深理. 何由暢然欲申之也. 必託郢匠於文殊. 尚惟忖者. 明了必在佛. 蓋敦信情也. 自下凡有四段. 證當說法花. 初段者. 文殊知理既微妙. 不敢指斥. 詳而發言. 故云我今惟忖. 欲說大法.

**〈선남자들이여, 나는 과거에 여러 부처들에게서 이러한 상서로움을 일찍이 보았다〉.**[97] 두 번째 단계다. 옛 일을 인용해서 현재의 일을 입증하는 것이다. 옛날과 지금이 비록 다르더라도 그 도(道)는 다르지 않다. 예전의 상서로움은 지금의 것과 같다.

諸善男子. 我於過去諸佛. 曾見此瑞. 第二段. 引古以證今也. 古今雖殊. 其道不異. 昔瑞如玆.

**〈곧 큰 법을 말씀했었다〉.**[98] 지금 석가가 보여주는 상서로움은 반드시 법화를 말씀하려는 것이 분명함을 마땅히 알아야 한다.

即說大法者. 當知今釋迦之瑞. 必說法花. 明矣.

---

의 第6章이다.

96)『법화경』, 03c12. 경문은 如我惟忖. 今佛世尊欲說大法이다.

97)『법화경』, 03c14.

98)『법화경』, 03c15.

지금부터는 바로 일찍이 과거에 있었던 일을 말한다. 이하에서 장차 자세하게 말하는데 바로 **일월등명**[99]의 일이다.

向直言曾於過去而已. 下將引誠事. 謂日月燈明是也.

여래가 뜻한 대로 설법하면 곧 무량하다고 일컬어지는데, 여기서 열 가지 방면[100]만을 말한 이유는 무엇인가? 10이란 수의 완성으로서 여래의 이(理)가 원만하고 빠짐이 없음, 도(道)가 있지 않은 곳이 없음을 나타낸다. 때문에 열 가지라고 한 것이다.

如來隨義說. 則稱謂無量. 今但言十方. 何耶. 十者. 數之滿極. 表如來理圓無缺. 道無不在. 故寄十也.

**〈여래〉.**[101] 모든 존재[萬法]는 비록 다르다고 해도 무관한 별개의 것이 아니라는[一如] 점에서 같다. 성스러운 몸으로 오는 것이며, 와서 중생[群生]을 교화한다. 때문에 **여래**라고 한다.

如來者. 萬法雖異. 一如是同. 聖體之來. 來化群生. 故曰如來.

**〈응공〉.**[102] 지극한 도(道)라는 좋은 밭은 오묘한 열매를 낳을 수 있다. 대상[相]과 집착[累]을 아울러 잊어서 **공양(을 받을 만함)**이라고 할 수 있다.

應供至道. 良田能生妙果. 相累兼忘. 可謂供養.

---

99) 『법화경』, 03c18.

100) 『법화경』, 03c18 이하에서 나열한 여래십호(如來十號)를 가리킨다.

101) 『법화경』, 03c19.

102) 『법화경』, 03c19.

**〈정변지〉.**[103] 지혜가 두루 하지 않음이 없음을 **변(遍)**이라고 한다. 이 **지혜**에 그릇됨이 없음을 **정(正)**이라고 한다.

正遍知. 智無不周. 曰遍. 此知無邪. 曰正.

**〈명행족〉.**[104] 신(身)·구(口)·의(意) 3업이 지혜에 따라 작용하면 **명행(明行)**이라고 한다. **족(足)**이란 지혜는 이미 두루 한 지혜이며, 작용[行]도 완전히 갖추어졌다는 것이다.

明行足. 身口意業. 隨智慧行. 謂之明行. 足者. 慧既遍知. 行亦備足矣.

**〈선서〉.**[105] 존재가 사라져도 중생[物]을 위해서 넉넉한 이익을 주지 않음이 없다. 자취는 사라쌍수에서 다하였어도 중생[物]을 위해서 **갔다[逝]**. 중생[物]은 이로 인해 이익을 얻으므로 어떻게 **선(善)**이 아니겠는가.

善逝. 存亡為物. 無非饒益. 迹盡雙樹. 為物而逝. 物因此益. 非善如何.

**〈세간해〉.**[106] 오음[五陰 = 오온五蘊]을 **세간**이라고 한다. 여래는 세간에 대해 통달하였고, 또 결박을 **풀었다[解]**.

世間解者. 謂五陰為世間. 如來達於世間. 又解結縛.

---

103) 『법화경』, 03c19.
104) 『법화경』, 03c19.
105) 『법화경』, 03c19.
106) 『법화경』, 03c19.

〈**무상사**〉.[107] 사람은 높고 그 도(道)는 절대적이어서 그와 동등한 것이 없다.

無上士. 人高道絕. 莫之與等.

〈**조어장부**〉.[108] 신(身)·구(口)의 모든 악(惡)은 안타깝게도 **조복하기**가 어렵다. 부처는 이것을 잘 **조복**하고, 또 중생[物]을 **조복**하므로 **장부**라 할 수 있다.

調御丈夫. 身口諸惡. 儱悷難調. 佛能伏之. 又以調物. 可謂丈夫也.

〈**천인사**〉.[109] 이미 **조복**[110]하고 제어하는 오묘한 능력을 완전하게 했으므로 **천(天)과 인(人)의 스승[師]**이라 할 수 있다.

天人師. 既盡調御之妙術. 乃可為天人師.

〈**불세존**〉.[111] **불(佛)**이란 각(覺)이라는 뜻이다. 생사를 깨달았다는 것이다. 이상의 열 가지 덕(德)을 갖추었으므로 종합해서 **세존**이라고 한다.

佛世尊. 佛者謂覺. 覺悟生死. 備上十德. 總謂世尊.

〈**처음도 잘했고**〉[112]는 성문을 말하고, 〈**중간도 잘했고**〉는 벽지를

107) 『법화경』, 03c20.
108) 『법화경』, 03c20.
109) 『법화경』, 03c20.
110) 『법화경』, 03c20.
111) 『법화경』, 03c20.

말하며, **〈나중도 잘했다〉**는 보살을 말한다. 3승의 사람들을 차례대로 나열하여 그 일(설법했던 일)을 드러낸다. 예전에도 이 세 가지 교화를 말씀했으며 의미는 지금과 마찬가지다.

初善謂聲聞. 中善謂辟支. 後善謂菩薩. 次列三乘人. 出其事也. 昔亦說此三化. 義同今也.

**〈이와 같이 2만 명의 부처는〉.**[113] 2만 명의 부처를 인용한 이유는 석가를 입증하는 것은 은밀하게 2승의 교화를 표현함으로써 1승의 아름다움을 얻는[114] 것이기 때문이다. 때문에 여러 부처를 널리 근거로 삼는 것은 마땅하다. 그 사람이 더 많더라도 그 도(道)는 더욱 하나다.

如是二萬佛. 所以乃引二萬佛. 證釋迦者. 密表二乘之化. 以荃一乘之美. 故須廣引諸佛. 其人彌多. 其道彌一矣.

**〈여덟 명의 왕자가 있었다〉.**[115] **8왕자**가 등장한 데는 두 가지 의미가 있다. 하나는 문수가 말하고 있는 생각[情]을 아주 오래 전의 일 곧 연등불의 스승을 종합함으로써 증명하기 위해서다. 연등불은 또 석가의 스승이다. 이미 그러하므로 문수의 발언에 어찌 오류가 있겠는가. 둘은 역순으로 장수했으며 점차로 안목이 열렸다는 것이다.

有八子. 所以傍出八子者. 有二義. 一以證文殊情綜終古. 乃

112) 『법화경』, 03c21. 경문의 初善中善後善.
113) 『법화경』, 03c27.
114) 荃은 筌과 통한다.
115) 『법화경』, 04a02.

是燃燈之師. 然燈又是釋迦之師. 旣爾. 文殊發言. 豈有謬乎. 二者逆為長壽開漸目.

**〈이 때 일월등명불이 대승경전을 설법했었다〉.**[116] 제3[117]단계다. 그것 (즉 일월등명불의 설법과 그 때 상서로움이 나타났던 일)을 현재에 인용해서 지금의 상서로움과 마찬가지임을 입증한다.

是時日月燈明佛. 說大乘經. 第二段. 引彼現在. 證今時之瑞是同.

**〈묘광은 8백 제자가 있었다〉.**[118] 8백 명의 제자를 내세운 이유는 미륵이 단지 지금에서야 문수[119]에게 자문하는 것이 아니라, 예전에 이미 스승으로 받들며 배웠다[120]는 것을 밝히기 위해서다. 이제 다시 (그에게) 질문한 것은 분명히 너무나 당연하다.

有八百弟子. 所以出八百弟子者. 欲明彌勒非唯當今. 諮問於文殊. 在昔已曾師受. 今復推問者. 明必當矣.

**〈이 때 일월등명불이 삼매에서 일어나〉.**[121] 제4단계이다. 그가 설법할 때이다. 이 설법은 장차 60겁 동안 할 것인데 어찌 사실이 그러

116) 『법화경』, 04a08.

117) 소(疏) 본문에는 二로 되어 있지만 三의 오기임이 분명하다.

118) 『법화경』, 04a23.

119) 묘광보살은 문수보살의 전생이다.

120) 『법화경』, 04b11에서 8백 제자 중 한 명으로서 언급하는 구명(求名)은 미륵보살의 전생이다.

121) 『법화경』, 04a23.

하겠는가. 법을 중요하게 여기는 마음이 지극함을 표현하기 위해 시간상으로 말한 것일 뿐이다.

是時日月燈明佛從三昧起. 第四段. 彼方時之說. 此將欲說六十劫. 豈實然乎. 表重法心至. 故寄時云爾.

**〈한 밤 중에 열반에 들 것이다〉.**[122] 법을 구하려는 마음을 지극하게 하도록 독려하는 것이다. 덕장이 부처가 될 것이라고 뒤이어 수기한 이유는 자기만족에 빠진[自崖] 무리들을 인도하려는 것이다. 그들은 부처가 장차 열반[泥洹]한다는 말을 갑자기 들으면 이후에 성인이 없다고 말하며 곧 도(道)를 추구하려는 노력을 멈춰버린다. 그래서 다시 **덕장(德藏)**[123]에게 부처가 될 것이라고 수기한다.

中夜入涅槃. 篤其求法情至. 所以後記德藏作佛者. 引自崖之徒. 其忽聞佛將泥洹. 謂後無聖. 便息駕於行道. 復記德藏作佛.

**〈구명리〉.**[124] 세상 사람들은 대부분 가까운 것은 보존하고 먼 것은 없애기를 좋아한다. 이제 이것을 폄하하여 사람들로 하여금 이 마음을 제거하도록 경계하는 것이다.

求名利. 世人多樂存近而廢遠. 今故貶之. 誡人剪此心.

**〈게송으로 말하였다〉.**[125] 게송의 방식은 혹 앞의 내용을 생략하여

122) 『법화경』, 04b01~02. 경문은 如來於今日中夜當入無餘涅槃.(여래는 오늘 한밤중에 무여열반에 들 것이다.)

123) 『법화경』, 04b04.

124) 『법화경』, 04b11. 경문은 求名. (산)Yaśaskāma.

125) 『법화경』, 04b19.

읊지 않거나 혹 앞에 없는 내용이 게송에 있기도 하여, 표준을 정하기는 어렵다. 때에 맞춰서 짓는 것이 마땅할 것이다.

而說偈言. 偈頌之法. 或略前而不頌. 或前無而偈有. 亦難為定准. 可臨時而制宜.

**〈모든 가르침의 진실한 의미〉.**[126] 2승의 허위가 없는 오직 대승의 **진실함**만을 설법한다.

諸法實相義. 無二乘之偽. 唯說大乘之實相.

126) 『법화경』, 05a10.

# 2. 방편품(方便品)

이전에 많은 사람들이 옳다고 여겼던 3승의 자취를 감추고, 이제 하나의 진실을 나타내기 위해 진실하고 바른 것을 제시한다. 그른 것[非]으로써 옳은 것[是]을 설명하기 때문에 **방편**[1]을 표제로 하여 품(品)을 설정한다. 이미 이전의 3승은 **방편**이 된다는 것을 지적해서 1승이 드러났기 때문에 여기서는 말하지 않아도 저절로 드러난다. 혹은 일승품이라고 하더라도 이(理)는 동일할 것 같다. 때문에 **방편**이라는 말은 곧 매우 찬탄할 만한 지극한 표현이다.

方便品第二. 昔晦迹三乘. 群徒謂是. 今欲顯乎一實. 示以真正. 以非明是. 故標方便目品. 既指昔三乘為方便. 所以一顯. 茲處不言而自顯. 若云一乘品者. 理似可一. 故言方便. 乃表絕歎之致矣.

**〈삼매에서 찬찬히 살피면서 일어나〉.**[2] 그윽한 경지[致]에 이미 머물렀고, 심오한 말씀 또한 깊다. 앞(의 서품)에서 꽃비가 내리고 땅이 신동하사 미륵이 의문을 가졌고, 문수가 해결한 것은 어찌 많은 사람의 미혹을 떨쳐내서 그 마음[情]을 텅 비운 것이 아니겠는가? 그 마음[心]이 이미 텅 비어서 곧 일승을 받아들일 수 있다. 또 성인이 만들어 놓은 길에 순응하며 감응한다. 그래서 삼매[定]에서 일어나 말

1) 『법화경』, 05b24.
2) 『법화경』, 05b25.

씀 한다. 그 말은 반드시 그윽하고 합당하며, 그윽하고 합당하므로 받아들이는 사람의 마음[心]은 자연히 독실하다.

從三昧安詳而起. 夫幽致既寄. 邃言亦深. 上所以雨花動地. 彌勒懷疑. 文殊決者. 豈非皷發群迷. 虛蕩其情乎. 其心既曠. 則堪受一乘. 且聖人設軌順感. 而然從定起而發言. 言必冥當. 冥當故. 受者之心. 自然篤矣.

**〈사리불에게 말씀했다〉.**[3] 그에게 말씀한 까닭은 그의 행적이 성문(聲聞)에 있어서 위치는 (성문 쪽에) 가깝다고 할 수 있지만, 실질적인 이해[照]는 다른 사람들[人]을 뛰어넘기 때문이다. 널리 알릴[對揚] 수 있게 되는 것이다.

告舍利弗. 所以告之者. 其迹在聲聞. 可以級近. 實照踰人. 可為對揚也.

**〈지혜는 매우 깊어〉.**[4] 말씀은 비록 만 갈래이지만 그 뜻은 일승을 나타내는 데 있다. 중생[物]은 말씀의 취지에 어긋나서 지혜에 대해 **깊다**고 여긴다. 지혜가 **깊은** 데서 기인하는 것이 아니라 중생[物]이 지혜에 대해서 **깊다**고 할 뿐이다. 곧 이것은 도달하지 못함을 걱정하는 말이지 어찌 이것이 지혜를 찬탄하는 것이겠는가?

智慧甚深. 言雖萬殊. 而意在表一. 物乖言旨. 於智成深. 非因是智深. 物深於智耳. 乃是傷不逮之辭. 豈是歎智耶.

---

3) 『법화경』, 05b25.

4) 『법화경』, 05b26.

**〈그 지혜의 문〉.**[5] 지혜는 말씀에 있다. 말씀을 곧 **문**이라고 한다. 단지 지혜만 이해할 수 없는 것이 아니라 **문** 역시 헤아리기가 어렵다. **문**을 헤아리면 곧 3승[三]이 아니라는 것에 통달한다. **이해하기 어렵지**[6] 않겠는가?

其智慧門. 夫智在說. 說則為門. 非唯智不可解. 門亦難了. 了門則達三非. 非難解如何.

**〈일체의 성문이나 벽지불은 알 수 없는 바〉.**[7] 그래서 삼승은 모두 권교[權]다. 그러나 대승은 어긋나지 않는데, 대(大)이기 때문이다. 그래서 이것(보살)은 말하지 않는다. 2승은 대(大)의 지극함과는 정반대여서 알지 못한다고 말한 것이다.

一切聲聞辟支佛所不能知. 然則. 三乘皆權. 而大乘不乖所以大. 故不言之. 二乘正反於大致. 言不知也.

**〈왜냐하면 ~ 일찍이 없었던 가르침〉.**[8] 만약 이유를 설명하지 않는다면 어떻게 이것을 믿을 수 있겠는가. 반복 설명은 꼭 필요하다. 수행[行]을 이렇게 쌓아서 얻은 궁극적 이룸[造]을 **일찍이 없었던[未曾有]**이라고 표현했다. **헤아릴 수 없다**[9]란 곧 지혜의 구절[句]이다. 이 부분의 내용[此]은 인(因)으로써 과(果)를 설명한다.

5) 『법화경』, 05b26.
6) 『법화경』, 05b26.
7) 『법화경』, 05b26.
8) 『법화경』, 05b27~29.
9) 『법화경』, 05b28. 경문은 無量.

所以者何. 至未曾有法. 若不明所以. 豈能信之. 必須重釋. 積行如此. 所得造極. 為未曾有. 可非量者. 今智慧句. 此以因釋果.

**〈마땅함에 따라 말씀해서〉.**[10] 말씀의 자취는 겉으로 순응한 것이다. 자취를 따르면 반드시 그 취지에 어두워지며, 취지에 어두워져서 이해하기 어려운 것이다. 이 부분의 내용[此]은 **지혜문(智慧門)**[11]이라는 구절에 합치한다. 이미 이유를 설명했고, 미묘한 취지는 고개를 내민다.

隨宜所說. 言迹外順. 從迹必昧旨. 昧旨則難解. 此合智慧門句. 既釋所以. 微旨轉頭.

**〈내가 성불한 이래 ~ 모든 집착에서 벗어나도록 했다〉.**[12] 앞에서는 모두 부처의 지혜를 찬탄했다. 이 말은 석가 자신에 대해서 한 말이다. 품(品)의 제목이 지어지면서 이 구절이 생겼다. 위의 **마땅함에 따라**[13]라는 말은 혹시 집착을 낳을 수 있어서 이것을 다시 설명할 필요가 있다. **마땅함에 따라**라는 말은 질병에 따라 마땅하다는 것이다. 질병은 무수히 많다. 가르침은 결코 정형적이지 않으며, 모두 **집착에서 벗어나도록** 인도하는 것을 근본으로 삼는다. 하루라도 그렇지 않다면 집착해서 이(理)에 합치하지[離][14] 못하기 때문에 성불한

10) 『법화경』, 05b29.
11) 『법화경』, 05b26.
12) 『법화경』, 05c01~03.
13) 『법화경』, 05b29. 각주 139.
14) 離는 '떠나다' 외에 '만나다'라는 정반대의 의미가 있다. 여기서는 문맥상 '만나다'가 적합한 것 같다.

이래라고 한 것이다.

吾從成佛已來至令離諸著. 向總歎佛智慧. 此說就釋迦為語. 品目之作. 生此句也. 上言隨宜. 或以生著. 須更明之. 言隨宜者. 隨病所宜. 病有萬端. 教必無方. 皆是引導離著為本. 一日不然. 著無離理. 故云成佛已來.

**〈왜냐하면 ~ 일찍이 없었던 가르침을 성취했다〉.**[15] (부처는) 안으로는 방편(方便)과 지견(知見)을 다 갖추고, 밖으로는 교묘하지 않음이 없는 방법[度]으로 말한다. 또 방편을 다 갖춘 이유를 설명했는데, 바로 깨달음[照]이 원만해서 막힘없이 궁극을 이루었기 때문이라는 것이다. **선정과 공덕이 끝없이 깊어진 것**[16]은 부처가 지견바라밀을 완전히 갖추었기 때문이다.

所以者何至成就未曾有法. 內窮方便知見. 外言無非巧度. 又明所以窮於方便者. 良緣照圓無导造極故也. 禪定功德深入無際者. 釋知見波羅密所以具足也.

**〈여러 가지로 분별하며 모든 법을 잘 설명한다〉.**[17] 이미 정형적 방법은 없다고 했다. 그래서 (이 구절은) 이(理)에 어긋나는 것 같은 말이지만, 마땅히 또 3승의 차이를 다시 설명할 필요가 있어서 **여러 가지**라고 한 것이다. 3가지로 1가지를 나타내며, 이를 **잘 설명한다**고

---

15) 『법화경』, 05c03~06.

16) 『법화경』, 05c05. 경문은 禪定解脫三昧. 深入無際.(선정과 해탈삼매에 끝없이 깊이 들어)

17) 『법화경』, 05c07.

한다. 모든 말들은 똑같이 합당하며 다시 다른 맛은 없다. 중생[彼]에게 알맞고 거슬리지 않아서 이를 일러 **중생의 마음을 기쁘게 한다**[18]고 한다. 앞에서는 내적 이해를 설명했고, 이것은 외적 교화를 설명한다.

種種分別巧說諸法. 既云無方. 其辭似乖理. 當又須更明三乘之異. 謂之種種. 以三表一. 謂之巧說. 萬辭同當. 更無異味. 順彼無逆. 謂之悅可衆心. 向明內解. 此明外化.

**〈그만 두어라 사리불아 더 말할 필요도 없다〉.**[19] 이미 삼승이 진실이 아님을 밝혔으며, 다음으로는 일승을 설명해야 할 것이다. 비록 진실이 아니라고 말했지만, 오히려 아직 마땅하지 않은 바가 있고, 그들이 삼승[是]에 집착하는 마음을 풀기에 충분하지 않다. 만약 다시 말한다면 분명히 놀라고 의심스러워할 것이다. 때문에 **그만 두라**고 한 것이지 어찌 말하지도 않고서 그들의 의심만을 떨쳐버린다는 것이겠는가. 앞서 비록 일승이라고 잘라 말하지는 않았더라도 그 뜻은 이미 조야하게 드러냈다. 때문에 **더 말할 필요도 없다**고 한 것이다.

止舍利弗不須復說. 既明三乘不實. 次應明是一乘. 雖言不實. 猶未有所當. 未足駭其執是之心. 若復說者. 必應驚疑. 故呼言止. 豈曰不說遣其疑耳. 向雖未指斥言一. 然粗已示意. 故云不須復說.

18) 『법화경』, 05c08.
19) 『법화경』, 05c09.

**〈진실한 모습〉.**[20] 2승이라는 허위는 없다. 오로지 일승만 진실일 뿐이다.

**實相. 無二乘之僞. 唯一乘實也.**

**〈이와 같은 모습과 특성〉.**[21] 이 11가지 사항[事緣][22]은 온갖 선(善)을 설명한다[語]. 연기는 불의 **모습**이고, 태우는 것이 **성질**인 것처럼, **모습[相]**은 바깥에 근거하며, **성질[性]**은 안에 중점이 있다.

**如是相性. 此十一事緣語萬善也. 如烟是火相. 能燒是性. 相據於外. 性主於內.**

**〈체〉**[23]는 **성질**과 **모습**의 통칭이다.

**體性相之通稱.**

**〈힘과 기능〉.**[24] 능력은 있지만 아직 사용하지 않은 것을 **힘**이라 하고, 일이 되도록 쓸모 있게 만드는 것을 **기능**이라고 한다.

---

20) 『법화경』, 05c11.

21) 『법화경』, 05c11. 경문은 如是相. 如是性.

22) 『법화경』, 05c11~13. 경문은 所謂諸法如是相. 如是性. 如是體. 如是力. 如是作. 如是因. 如是緣. 如是果. 如是報. 如是本末究竟等. 일반적으로 마지막의 如是本末究竟等은 상(相)에서 보(報)까지를 본과 말로 재정리하면서 이것이 구경에 평등하다는 의미에서 전체를 종합하는 한가지로 간주하며 통틀어 10여시라고 한다. 그런데 이하의 내용을 보면, 도생은 如是本末究竟等을 如是本과 如是末의 두 가지로 구분하여 앞의 9개와 합쳐서 11여시로 보고, 究竟等은 이상의 11여시가 구경에 평등하다는 의미로 풀이하고 있는 것 같다. 참고로, 『법화경』에는 위와 같이 나열하고 있을 뿐 '十如是'라는 직접적인 표현은 없다.

23) 『법화경』, 05c12.

24) 『법화경』, 05c12. 경문은 如是力. 如是作.

力作. 有能未用. 謂之力. 造用事施. 謂之作.

**〈인과 연〉.**[25] 낳게 하는 것은 **인(因)**이라 하고, 트도록 도와주는 것은 **연(緣)**이라고 한다.

因緣. 能生為因. 扶疎為緣.

**〈과와 보〉.**[26] 뜻한[情] 기대[期]가 이루어진 것[尅遂]을 **과(果)**라고 하며, 역수(歷數)에 따라 부여받는 것[所鍾]을 **보(報)**라고 한다.

果報. 情期尅遂. 謂之果. 歷數所鍾. 謂之報.

**〈본과 말〉.**[27] 온갖 선(善)의 시작은 **말(末)**이라고 하며, 부처의 지혜의 종극은 **본(本)**이라고 한다. 오로지 부처만이 이 모든 의미를 완전히 이해하고, 그 근원의 궁극을 환하게 안다. 따라서 종합적으로 결론지어 **구경(究竟)에 평등하다**[28]고 했다.

本末. 萬善之始. 為末. 佛慧之終為本. 唯佛了此諸義. 曉其源極. 故總結云究竟等.

**〈믿음의 힘이 견고한 여러 보살들은 제외하니〉.**[29] 부처는 예전에 삼승을 말했지만 이제는 (삼승은) 없다고 말한다. 또 아직 일승을 말하지[道] 않았다. 이 뜻은 가늠하기 어려우며, 헤아리는 사람이 적다.

---

25) 『법화경』, 05c12. 경문은 如是因. 如是緣.
26) 『법화경』, 05c12. 경문은 如是果. 如是報.
27) 『법화경』, 05c13. 경문은 如是本末究竟等.
28) 『법화경』, 05c13.
29) 『법화경』, 05c27.

따라서 여러 사람들을 (이하에서) 폭넓게 나열한다. **견고한 사람**은 8주 이상으로서 그들만이 부처가 당연히 일승을 말할 것임을 헤아릴 수 있다. 따라서 **제외한다**고 한 것이다. 2승은 쉽사리[居然] 헤아릴 수가 없다.

除諸菩薩衆信力堅固者. 佛昔說三. 而今言無. 又未道一. 此意難測. 測之者寡. 故廣列諸人. 堅固者. 八住以上. 唯其能測佛當說一乘. 故云除也. 二乘居然不測.

**〈신발의보살〉.**[30] 본질[性]을 이해한 무리다.

新發意菩薩. 性解之徒.

**〈불퇴보살〉.**[31] 초주에서 7주까지로서 어찌 모른다고 하겠는가. 일승을 높게 꾸며 사람들이 믿고 숭상하도록 하려는 것이다. 때문에 그렇게 말했을 뿐이다.

不退菩薩. 初住至七住. 豈曰不知. 欲高美一乘. 使人崇信. 故云爾耳.

**〈말씀에 차이는 없으니〉.**[32] 이(理)는 오로지 하나의 궁극이고, **말씀**은 이(理)에 부합한다. 따라서 **말씀에 차이는 없다**고 한 것이다.

語無異. 理唯一極. 言符乎理. 故云語無異.

---

30) 『법화경』, 06a11.

31) 『법화경』, 06a16. 경문은 不退諸菩薩.

32) 『법화경』, 06a21. 경문은 諸佛語無異.

**〈그 때 대중 가운데 ~ 천 이백인〉.**[33] 부처가 앞서 **그만두고 말하지 말라**[34]고 한 것은 마땅히[欲] 그들이 의심스러워해서였다. 이제 더욱 더 의심하며 어둡다. 이 여러 성문들은 이미 부처가 이 도(道)는 매우 깊다고 널리 찬탄한 것을 듣고도 이 취지의 소재를 알지 못한다.

爾時大衆中至千二百人. 佛向止而不言者. 欲扗其疑心. 而今尤更疑昧. 是諸聲聞. 既聞佛廣歎此道甚深. 罔知斯旨所在.

**〈유일한 해탈의 의미, 우리들도 이 가르침[法] 얻어서〉.**[35] 3승의 공덕은 비록 우열의 차이가 있다고 하더라도 열반이라는 영원한 안식의 장소에 이른다는 점은 다르지 않다. 따라서 **유일한 해탈**이라고 말해서 이미 같다고 한다. 그러나 앞서 은근하게 찬탄한 바가 도달하는, 이 의미의 취지를 알지 못한다.

一解脱義. 我等亦得此法. 三乘功德. 雖曰優劣之殊. 及其涅槃永息之處不異. 故言一解脱既同. 而向所讚嘆慇懃之至. 罔知是義所趣.

**〈사리불이 사부대중의 의심을 알고〉.**[36] 이 때의 분위기[情]를 타고 기회를 틈타 질문한다. 의심이 이미 쌓여 해결을 구하는 뜻도 지극하다.

---

33) 『법화경』 06a28~29.

34) 『법화경』, 05c09. 경문은 止舍利弗. 不須復說.

35) 『법화경』, 06b04.

36) 『법화경』, 06b07.

舍利弗知四眾心疑. 騰乎時情. 乘機而疑. 疑心既積. 求決之意亦至矣.

**〈도량에서 얻은 가르침[法]〉.**[37] 도(道)는 높고 이(理)는 멀다. 누군가 질문할 수 있다는 것은 부처가 말하지 않더라도 자취가 바라던 **가르침[法]**인 것 같아서다. (그런데 그렇지 않기) 때문에 세존은 삼매에서 일어나 **묻는 이가 없어도 스스로 말씀하며**[38] 모든 부처의 지혜가 매우 깊고 헤아릴 수 없음을 찬탄한다. 이 게송[此]은 이 내용[之]을 읊은 것이다.

道場所得法. 道高理遠. 孰能問者. 佛若不說. 迹似悕法. 故世尊從三昧起. 無問而自說. 歎諸佛智慧甚深無量. 此頌之也.

**〈부처가 사리불에게 말씀했다. 그만 두어라 그만 두어라. 더 말할 필요가 없다〉.**[39] 부처(가 말한) 앞의 **그만 두어라**는 그만 두게 함으로써 의심을 멈추게 하려는 뜻이다. 사리불[身子]은 말씀하면 곧 의심을 멈출 것이라고 말하고 있다. 때문에 (사리불은) 거듭 간청하고 있다. 두 번째는 (말씀할 가르침은 그들이 생각하는 것과) 크게 다르다는 것을 말한다. 그러나 의심을 비리라는 이 (의미는) 같다.

佛告舍利弗止止不須復說. 佛前止者. 意欲以止止疑. 身子云. 說乃止疑. 故重請. 二言碩異. 而遣疑是同.

37)『법화경』, 06b17.
38)『법화경』, 06b29.
39)『법화경』, 06c07.

**〈그 때 세존은 사리불에게 말씀했다. 너는 이미 은근히 세 번을 간청했으니〉.**[40] 성인이 가르침을 베풀 때 말에는 반드시 점차가 있고, 깨달음에도 알맞음[諧]이 있다. 이미 세 번이나 간청해서 대중의 의심[群疑]이 널리 퍼져있다. 대중의 의심이 널리 퍼져있어서 흔쾌히 들으려는 마음[心]은 곧바로[無間] 그러하다. 세 번 간청하게 된 이유는 부처[聖]가 그러고자 바란 것이 아니고, 시기가 마땅히 그러해서일 뿐이다.

**爾時世尊告舍利弗汝已慇懃三請. 夫聖人設教. 言必有漸. 悟亦有諧. 既致三請. 群疑宣液. 群疑宣液. 則欣聞之心. 無間然矣. 所以三請者. 非聖欲然. 機須爾耳.**

이 아래는 모두 5단계로 의미를 설명한다. 첫째는 진위의 차별을 판단한다. 둘째는 종극에서 일치하는 도를 올바르게 밝힌다. 셋째는 삼세의 모든 부처들의 궤적이 곧 현묘하게 같음을 설명한다. 넷째는 3승을 설법한 이유가 성인이 그러려고 한 것이 아니라 드러나 버려서 붙들지 못했을 뿐임을 해명한다. 다섯째는 (부처 설법의 본래 취지를) 얻은 사람과 잃은 사람을 규명한다.

**自下凡五段明義. 一者辨真偽之別. 二者正明宗極一致之道. 三明三世諸佛軌則玄同. 四明所以說三乘者. 非聖欲爾. 出不獲已. 五明得失之人.**

---

40) 『법화경』, 07a05.

**〈오천 명의 사람이 물러간 것〉.**[41] 이것은 제1단계로 진위의 차별을 판단한다. 올바른 말씀이 장차 이뤄지면서[奏] 진위는 자연히 판가름될 것이다. 비유하자면, 해와 달이 빛났을 때 흑백이 분명해지는 것과 같다. 이 자취를 제시한 까닭은 그때 (모인 대중들)의 마음[時情]을 엄숙히 경계하려는 것일 뿐이다. 만약 증상만(增上慢)에 빠진 사람이라면 상서로운 모임[嘉會]에 참여하지 못하는 사람이다. 그때 (모인 대중들)의 마음[時情]은 기쁨이 지극해서 스스로 굳건히 깨달음[悟]을 믿게 된다.

**五千人退者. 此第一段辨真偽之別. 正言將奏. 真偽自判. 譬猶日月既耀. 皇阜分明. 所以示此迹者. 誡肅時情耳. 若增上慢人. 不預嘉會者. 時情慶至. 自鞕信悟矣.**

**〈그때 부처는 사리불에게 말씀했다. ~ 더 이상 가지나 잎은 없고〉.**[42] 제2단계이며, 이하에서 일치의 도(道)를 설명한다. 번잡한 가지는 없어졌고 올곧은 줄기만 남아 있다.

**爾時佛告舍利弗至無復枝葉. 第二段. 自下明一致之道. 繁柯既亡. 貞幹存焉.**

**〈마땅하게 말씀한 바〉.**[43] 중생[物]에 맞게 말한 것이다. 비록 3승

41) 『법화경』, 07a07~08. 경문은 說此語時. 會中有比丘比丘尼優婆塞優婆夷五千人等. 即從座起禮佛而退.(이런 말씀을 하실 때에 회중에 있던 비구·비구니·우바새·우바이 5천 사람이 자리에서 일어나 부처님께 예배하고 물러났다.)

42) 『법화경』, 07a12.

43) 『법화경』, 07a18. 경문은 諸佛隨宜說法.

[三]을 말하더라도 의도[情]는 일승[一]을 드러내는 데 있다. 따라서 **그 뜻을 이해하기 어렵다**[44]고 말한다.

隨宜所說. 適物而言. 雖復說三. 而情存表一. 故言意趣難解.

**〈오직 일대사인연 때문에 세상에 출현한다〉.**[45] 위에서 이미 비슷하게 종지[宗]를 제시했다. 이 부분은 곧 더 설명하기 위한 것이다. 이미 3승은 방편이라고 했으며, 이제 바로 일승[一]을 설명한다. 부처는 일승이라는 궁극[一極] 때문에, 일승[一]을 드러내려고 출현하게 된 것이다. 이(理)에 실로 3가지가 있다면, 부처[聖] 또한 3가지를 위해서 출현할 것이다. 그러나 이(理) 가운데 3가지는 없고 오묘한 하나[一]가 있을 뿐이다. 따라서 **일대사 때문에 세상에 출현했다**고 말한다.

唯以一大事因緣故. 出現於世. 上已髣髴示宗. 此則復為說也. 既云三乘是方便. 今明是一也. 佛為一極. 表一而為出也. 理苟有三. 聖亦可為三而出. 但理中無三. 唯妙一而已. 故言以一大事出現於世.

**〈중생들에게 부처의 지견을 열어주기 위해서〉.**[46] 미묘한 말씀의 현묘한[47] 취지는 그 의미가 여기서 드러난다. 이 네 구절[48]은 처음부터 끝까지 한 가지 뜻만을 위한 것이다. 진실로 중생은 본래부터

44) 『법화경』, 07a18.

45) 『법화경』, 07a21.

46) 『법화경』, 07a24.

47) 소(疏)의 주석에 云疑玄.

48) 여기부터 이하의 개(開), 시(示), 오(悟), 입(入)을 말하고 있는 네 구절이다.

부처의 지견을 나누어 갖고 있으므로, 단지 번뇌의 장애[垢障] 때문에 드러나지 않을 뿐이라도 부처가 열어서 제거하게 되면 곧 이것을 성취할 수 있다. 어떤 견해[49]는 초주에서 7주까지 점차로 번뇌를 제거하는 일을 **열다[開]**라고 하며, 깨달음의 빛[照耀]에서 벗어남이 없음을 **청정(淸淨)**[50]이라고 한다.

欲令衆生開佛知見故. 微言云旨. 意顯于玆. 此四句始終. 為一義耳. 良由衆生. 本有佛知見分. 但為垢障不現耳. 佛為開除. 則得成之. 一義云. 初住至七住. 漸除煩惱曰開. 無出照耀曰淸淨.

**〈중생에게 부처의 지견을 보여주려고〉.**[51] 앞에서 말한 (중생이) 본래 갖고 있는 그 부분은 지금의 가르침을 통해서 성취하게 된다. 성취가 가르침에 의한다면 곧 이것은 바깥으로 **보여주는** 것이며, **보여줘서** 반드시 **깨닫게**[52] 한다. **깨달으면** 반드시 그 도(道)에 **들어가게[入]**[53] 된다. 어떤 견해는 (보살이) 8주에서 관불삼매(觀佛三昧)를 얻어서 항상 부처의 지혜를 기꺼이 보여준다고 한다.

欲示衆生佛之知見. 向言本有其分. 由今教而成. 成若由教. 則是外示. 示必使悟. 悟必入其道矣. 一義云. 八住得觀佛三昧. 常樂示佛慧

49) 일의(一義)는 도생이 소(疏)를 작성하면서 참조한 견해를 가리키는 것 같다. 도생과 동시대이면서 구마라집의 제자로서『법화경』에 관한 소(疏)를 지었다고 전해지는 담영(曇影, ?-?), 도융(道融, ?-?) 등의 견해였을 것으로 추정한다. 이하 동일하다.
50)『법화경』, 07a24.
51)『법화경』, 07a25.
52)『법화경』, 07a26.
53)『법화경』, 07a27.

**〈지견을 깨닫게〉.**[54] 어떤 견해는 9주 보살은 훌륭한 지혜[善慧]때문에 부처의 지견을 깊이 **깨닫는** 것이라고 한다.

悟知見. 一義云. 九住菩薩為善慧. 深悟佛之知見也.

**〈부처의 지견에 들어가게〉.**[55] 어떤 견해는 10주 보살이 금강삼매(金剛三昧)로써 번뇌의 습기[塵習]를 없애고 부처의 지혜로 전입한다고 한다. 체득한 상황[躰況]을 따져보면 단계[階級]는 이와 같다. 크게[56] 분별하면, 하나의 깨달음을 수행하는 것에는 곧 이 네 가지 의미가 있는 것이다.

入佛知見. 一義云. 十住菩薩. 以金剛三昧. 散壞塵習. 轉入佛慧. 由論躰況. 階級如此. 丈而辨之. 就行者一悟. 便有此四義也.

**〈2나 3〉.**[57] 2는 두 번째 가르침[乘], 3은 세 번째 가르침[乘]이(라는 뜻이)며, 당연히 첫 번째도 없다. 첫 번째는 대[大]라는 조건[所以]에 어긋나지 않기 때문에 없는 것이 아니지만, 2나 3이 이미 없어서 1도 사라진 것이다.

若二若三. 二第二乘也. 三第三乘. 亦應無第一. 第一不乖所以大. 故不無之. 既無二三. 一亦去矣.

**〈사리불아, 모든 부처의 법도 이와 같다〉.**[58] 제3단계이며, 시방삼

54) 『법화경』, 07a26. 경문은 悟佛知見故.
55) 『법화경』, 07a27. 경문은 入佛知見道故.
56) 소(疏)의 주석에 丈或大歟.(丈은 혹 大인 것 같다.)
57) 『법화경』, 07b03.

세의 모든 부처들을 인용하여 증명한다. 삼세의 모든 부처들은 모두 먼저 3승을 말하고, 나중에 하나의 궁극을 나타낸다. 비록 거듭해서 시대[世]가 달라지고 사람이 다르더라도 이 도(道)는 현동(玄同)[59] 하다.

**舍利弗一切諸佛法亦如是. 第三段. 引十方三世諸佛為證. 三世諸佛. 皆先說三乘. 後明一極. 雖復世異人殊. 然斯道玄同矣.**

**〈사리불아, 모든 부처는 5탁악세에 출현했다〉.**[60] 제4단계이며, 성인은 스스로 세 가지 가르침을 시설하려고 하지 않았음을 밝힌다. 단지 중생이 오염에 흐려져서 하나의 깨달음을 어려워하기 때문에 3승을 말했고, (3승으로) 드러난 것을 붙잡지 못했을 뿐 어찌 그러고자 했겠는가.

**舍利弗諸佛出於五濁惡世. 第四段. 明聖人非自欲設三教. 但衆生穢濁. 難以一悟. 故為說三乘. 出不獲已. 豈欲爾乎.**

**〈겁탁〉.**[61] 예전의 중생은 타고난 성품[稟質]이 청허하고, 속박[累]도 미미하고 엷었다. 지금을 그에 비교해서 **탁하다**고 했을 뿐이다. **겁**이란 시대[時]다. 중생이 이미 악(惡)해져서 혹은 전쟁[刀兵]을 치르거나 또는 기근[穀貴]이나 역병(疫病)을 겪는 시대다.

---

58) 『법화경』, 07b03. 경문은 舍利弗. 一切十方諸佛法亦如是.(사리불아, 모든 시방세계 여러 부처들의 법도 이와 같다.)

59) 玄同. 피아 구분 없이 하나라는 의미다. 출처는 『莊子』「外篇」, 第10篇 胠篋의 第3章이다.

60) 『법화경』, 07b23.

61) 『법화경』, 07b24.

劫濁. 上代衆生. 稟質淸虛. 累亦微薄. 以今比之. 謂為濁耳. 劫者時也. 衆生旣惡. 或遇刀兵. 或遭穀貴病疫時也.

〈번뇌탁〉.[62] 여러 미혹[惑]이 서로 모여드는데 도(道)가 어떻게 생겨나겠는가.

煩惱濁. 群惑交萃. 道何由生.

〈중생탁〉.[63] 5성음(盛陰)의 악(惡)[64]을 종합한 것이다.

衆生濁. 總五盛陰惡也.

〈견탁〉.[65] 다섯 가지 사견[66]은 본래 진실을 등지고 이(理)에 어긋난다. 때문에 별도로 이것을 설정한다.

見濁. 五邪見本背眞違理. 故別立之.

〈명탁〉.[67] 잘못된 생활[邪命][68]이 뒤얽혀서 도(道)를 만나는 데서

62) 『법화경』, 07b24.

63) 『법화경』, 07b24.

64) 일반적으로는 五陰盛苦 또는 五盛陰苦라고 한다. 여기서는 苦 대신에 惡이라는 표현을 사용하고 있다.

65) 『법화경』, 07b24.

66) 일반적으로 有身見, 邊見, 邪見, 見取見, 戒禁取見을 말한다.

67) 『법화경』, 07b24.

68) 邪命. 정당한 방법이 아니라 잘못된 방법으로 생활하는 일을 의미한다. 예를 들어, 비구가 의식(衣食)을 얻기 위해 설법하는 일을 邪命說法이라고 한다. 『대지도론』 제19권에서는 다섯 종류의 사명을 설명하고 있다. 즉 재물을 얻기 위해 1) 기이한 현상을 나타내는 것, 2) 스스로 자신의 공덕을 말하는 것, 3) 길흉을 점치는 것, 4) 큰 소리로 위협하는 것, 5) 자신에게 공양한 사람을 칭찬하는 것이다.(『大智度論』(T25), 0203a16~0203a23)

멀어진다. 어떻게 탁하지 않겠는가.

命濁. 邪命交役. 違乎値道. 非濁如何.

**〈일불승에서 분별하여 3승을 말한다〉.**[69] 부처는 탁세(濁世)의 사람들은 큰 뜻이 없고, 더욱이 부처의 이(理)는 아득하여 멀기 때문에 이것을 믿지도 못하므로, 어쩔 수 없이 사람들에게 가깝도록 3승의 가르침을 만들었을 뿐이다. 비록 3승[三]를 말했더라도 항상 바로 일불승[一]을 말했다. 이제 **일불승[一]에서 (분별하여)** 사람들 자신이 부처가 될 수 있게 말하는데, 어찌 사람들에게 가깝도록 억지로 맞춘 것이 아니겠는가. 자취는 사람에게 가깝고, 밖으로 보여준 것은 배우기가 쉽다. 다만 쉽게 배우도록 할 수 있지만 자연히 (일불승에서는) 멀다. 또 2승은 번뇌[結]는 똑같이 없앴지만 습기[習]는 제거하지 못했다[70]고 말하며, 사람들을 (일불승에) 가깝게 되도록 내몰아 (2승, 3승을) 더욱 쉽게 없애는 것이다. 만약 (2승, 3승을) 쉽게 없앰으로써 나아가 (일불승을) 구할 수 있다면 자연히 (2승, 3승을) 모두 없애는 데로 나아간다. 이것이 곧 **일불승에서 분별하여 3승을 말한다**는 것이다.

於一佛乘. 分別說三. 佛以濁世人無大志. 而所以佛理幽遠. 不能信之. 抑使近人. 作三乘教耳. 雖曰說三. 恒是說一. 今云. 於一人身得佛. 豈不抑使近人乎. 迹近在人. 外示易學. 茍能以易而學. 自然之遠. 又云. 二乘同盡於結. 不除習. 去人轉近. 尤易滅也.

---

69)『법화경』, 07b26.

70)『법화경』 경문에 직접적인 언급은 없다.

若能以易滅而求自然. 之於都滅. 斯則於一佛乘. 分別說三也.

**〈사리불아, 만약 나의 제자가 스스로 아라한이라고 한다면〉.**[71] 제5단계이며 사람들이 (참된 아라한을) 얻었는지 잃었는지[得失]를 변별한다. 도(道)가 천하에 실현되기를 바란다면 어찌 얻은 경우[得]와 잃은 경우[失]를 변별해서 사람들이 실(失)을 버리고 득(得)을 따르도록 경계하지 않을 수 있겠는가. 혹 (스스로) **아라한[羅漢]**이라고 하더라도 부처가 보살을 교화할 뿐이라는 것을 알지 못한다면 곧 **아라한[羅漢]**이 아니다. 이것은 잘못해서 잃어버린 사람인 것이다. 이 경전을 잘 지닐 때 (참된 아라한을) 얻었다고 한다.

舍利弗若我弟子自謂羅漢. 第五段辨人得失. 欲使道行天下. 豈容不辨得失. 誡人於捨失而從得. 若謂是羅漢而不知佛. 但為化菩薩者. 則非羅漢. 此是過失之人也. 能持此經. 謂之得.

**〈부처의 멸도 후 부처가 현전하지 않을 때는 제외한다〉.**[72] 두 성인[聖]의 중간[73]에 이미 으뜸가는 성인[聖主]이 없을 때는 믿지 않는 것을 허용한다. 만약 부처가 현재한다면 (사람들은) 의심 없이 분명히 믿는다. 은밀히 당시 사람들을 인솔해서 현재한 부처에게 이르렀다. 어떻게 믿지 않을 수 있겠는가.

除佛滅度後現前無佛. 二聖之間. 既無聖主. 容可不信. 若佛

71) 『법화경』, 07b27. 경문은 舍利弗. 若我弟子. 自謂阿羅漢辟支佛者.(사리불아, 만일 나의 제자들이 스스로 아라한이나 벽지불이라고 한다면)

72) 『법화경』, 07c05.

73) 부처가 출현하고 멸도한 후 다음 부처가 출현할 때까지의 기간을 의미하는 것으로 보인다.

在者. 必信無疑. 密牽時人. 及佛現在. 何可不信邪.

**〈계송의 말씀〉**[74]은 순서대로 앞의 다섯 단계[科]를 읊는다. 맨 앞의 4게는 제1단계의 (내용인) 진위를 읊고, 다음의 35게는 제2단계의 (내용인) 일대사를 읊으며, 그 다음 75게는 제3단계의 (내용인) 삼세제불 증명을 읊고, 그 다음 2게는 앞의 제4단계의 (내용인) 3승의 설법으로 어쩔 수 없이 드러나 버렸음을 읊으며, 맨 마지막의 5게는 제5단계의 (내용인) 얻은 사람과 잃은 사람을 읊는다.[75]

偈言次第. 頌前五科. 初正四偈. 頌第一真偽. 次卅五偈. 頌第二一大事. 次七十五偈. 頌第三世諸佛證. 次兩偈. 頌前第四段. 出不獲已說三乘. 最後五偈. 頌第五得失人.

**〈태 속에서 받은 작은 몸〉.**[76] 3계의 미혹 안에 있어서 **작다고** 했을 뿐이다. 오직 법신만 크다.

受胎之微形. 在三界惑內. 謂之微耳. 唯法身為大.

**〈다시 다른 방편으로 제1의 의미가 나타나도록 도우니〉.**[77] 이(理)는 본래 말로 표현할 수 없지만 말을 빌려서 말한다. 이것을 방편이라고 한다. 또 2승에 의거해 교화를 도우므로 2승[之]을 다른 방편이라고 한다. 일승은 원래 심오해서, 나타내기 위해 2승[之]을 빌린다. 어떤 견해는 49년간의 설법이 바로 방편이고, 지금 말하는 법화는 **다**

74)『법화경』, 07c10.
75)『법화경』, 07c11~10b20. 형식상 4구(句) 1게로서 총 121게다.
76)『법화경』, 08b14. 31번째 게송 세 번째 구절이다.
77)『법화경』, 08c10. 44번째 게송 첫, 두 번째 구절이다.

른 **방편**이라고 한다.

更以異方便. 助顯第一義. 理本無言. 假言而言. 謂之方便. 又推二乘以助化. 謂之異方便. 一乘既深. 假之以顯. 一義云. 四十九年所說是方便. 今說法華. 謂異方便.

**〈만약 어떤 중생들이 ~ 어떤 사람이 예배하거나〉.**[78] 여기부터는 중생들이 과거에 부처에게서 여러 선근을 심었으며, 한 터럭만큼 적은 하나의 선(善)이 모두 쌓여서 도(道)를 성취했다는 것을 설명한다.

若有眾生類至有人禮拜. 自下. 明眾生於過去佛. 殖諸善根. 一豪一善. 皆積之成道.

**〈법은 항상 자성이 없음을 알지만〉.**[79] 제1의 공(空)의 의미이며, 이(理)에는 두 가지 궁극이 없음을 분명히 한다.

知法常無性. 第一空義. 明理無二極矣.

**〈부처의 종성이 인연 따라 생기니〉.**[80] 부처는 이(理)가 발생하도록 조건을 맞춘다. 이(理)는 원래 두 가지가 없다. 어찌 세 가지가 있음을 허용하겠는가. **그래서 일승만을 설법했다.**[81]

佛種從緣起. 佛緣理生. 理既無二. 豈容有三. 是故說一乘耳.

78) 『법화경』, 08c11~09a19. 44번째 게송 세 번째 구절~64번째 게송 첫 번째 구절이다. 有人禮拜의 경전 본문은 或有人禮拜다.

79) 『법화경』, 09b08. 72번째 게송 두 번째 구절이다.

80) 『법화경』, 09b09. 72번째 게송 세 번째 구절이다.

81) 『법화경』, 09b09. 72번째 게송 네 번째 구절이다.

**〈이 법을 법의 자리에 머물며, 세간의 모습의 상주를〉.**[82] **앞에서 법은 항상 자성[性]이 없음을 안다**[83]고 한 것을 풀이했다. 이 의미에서 항상 자성이 없음을 아는 것이다.

是法住法位. 世間相常住. 釋向知法常無性. 以此義故. 知常無性.

**〈삼칠일 동안〉.**[84] 처음 7일 간 **보리수[樹]를 관조한**[85] 것은 보은을 표현하고 싶어서였다. 중간 7일 동안의 **경행**[86]이란 **경행**으로 말미암아 나무 그늘[87]에서 도(道)를 성취했는데 이 은혜를 어찌 갚지 않을 수 있겠는가라고 크게 깨우친 것이다. 나중의 7일은 중생 제도에 대해 **사유한**[88] 것이다.

於三七日中. 初七日觀樹者. 欲表報恩. 中七日經行者. 既由經行大悟. 蔭樹成道. 此恩那可不報邪. 後七日思惟度衆生.

**〈범왕이 설법을 요청〉.**[89] (요청에) 감응해서 교화할 뿐이다.

梵王請法. 乘感而化耳.

---

82) 『법화경』, 09b10. 73번째 게송 첫, 두 번째 구절이다.
83) 『법화경』, 09b08. 72번째 게송 두 번째 구절이다.
84) 『법화경』, 09c05. 85번째 게송 첫 번째 구절이다.
85) 『법화경』, 09c04.
86) 『법화경』, 09c04.
87) 소(疏) 주석에 蔭字原本不明.
88) 『법화경』, 09c05.
89) 『법화경』, 09c09 ~ 09c12. 87, 88번째 게송의 내용이다.

# 3. 비유품(譬喩品)

근기에는 이둔(利鈍)이 있어서 곧 깨달음에도 선후가 있다. 앞서 바르게 법화를 말했으며, 이근(利根)의 무리들은 이상에서 깨달음을 취했다. 우매한 사람은 아직 알지 못하며, 때문에 비유에 기탁하여 이것을 설명한다. 이(理)는 본래 그윽하고 깊어서 일부분으로는 파악하기 어렵다. 때문에 간접적으로 사상(事像)에 기탁하여 먼 취지를 그려낸다. 사상(事像)을 빌어 이(理)를 말함, 이것을 일컬어 **비유**[1]라고 한다.

譬喩品第三. 夫根有利鈍. 則悟有先後. 向正說法花. 利根之徒. 取悟於上矣. 昧者未曉. 故寄譬說之. 理既幽邃. 難以一隅. 故曲寄事像. 以寫遠旨. 借事況理. 謂之譬喩.

〈**사리불이 뛸 듯이**〉[2] 여기부터 **불타는 집**의 시작부분[3]까지 대략 3단계로 의미를 설명한다. 제1, 사리불이 안으로는 깨달음을 품었으며, 밖으로는 이해한 것을 나타내고 있음을 설명한다. 이전에는 의심이 이미 두텁고 근심도 깊었다. 이제야 비로소 일승을 깨닫고 뛸 듯이 기쁜 마음이 넘침을 표현한다. 그 기쁨을 이기지 못하고, 자취에 의탁하고 권교로써 인도함을 나타내 보였다고 스스로 말하며 멀리 당시 중생들의 마음을 돈독히 한다.

舍利弗踊躍. 自下至火宅初. 凡有三段明義. 第一明舍利弗懷

1) 『법화경』, 10b28.
2) 『법화경』, 10b29.
3) 『법화경』, 12b13.

悟於內. 發解於外. 昔疑既重. 慇憂亦深. 今既首悟一乘. 表憙踊心溢. 不勝其欣. 自說云. 示託迹權引. 遠敦時情.

**〈왜냐하면 ~ 여래의 무량한 지견을 잃다〉.**[4] 스스로 기쁘다고 말하는데, 본래 밝히고 싶었던 것이다. 밝히고 싶다는 생각[旨]이 **(예전에 부처에게서) 들었던 이와 같은 법**[5]이란 것을 완성시키는 데 도움이 되었다. 모든 중생은 마땅히 모두 부처가 된다는 말을 듣고, 보살의 수기를 보면서 사리불 자신만 홀로 이에 참여하지 못했다고 스스로 기분이 상했다. 이제 들은 바는 예전의 것에 부합하기 때문에 돌이켜보기만 했는데 곧 깨달았다. 예전에는 큰 것을 잃었다고 개탄했지만 지금은 깨달아서 매우 기쁜 것이다.

所以者何至失如來無量知見. 自說所欣. 本欲明之. 欲明之旨. 容助成所聞. 如是法者. 聞一切衆生. 皆當作佛. 見菩薩受記. 便自感傷. 獨不預之. 今聞符昔. 故過耳便悟. 昔慨失大. 今悟必欣矣.

**〈저는 일찍이 숲 속이나 나무 아래에서 ~ 세존의 허물이 아니다〉.**[6] 또한 듣고서 곧 깨달은 이유는 참으로 예전부터였기 때문이다.

我常獨處山林樹下至非世尊咎. 又所以聞即悟者. 良由昔來.

**〈매번 이런 생각을 했다. 우리들도 함께 법성을 이해했지만〉.**[7] 여래가 어찌 꼭 소승[小]으로 한정했겠는가. 스스로 소승을 취했을 뿐

4) 『법화경』, 10c02~10c04.
5) 『법화경』, 10c02.
6) 『법화경』, 10c04~10c07. 경문은 是我等咎非世尊也.
7) 『법화경』, 10c05.

이다. 이유로서 제시한[8] 것은 '대체로 설법은 점차적이라서 반드시 소승을 먼저 하고 대승을 나중에 설법한다. 만약 내[사리불]가 대승을 설법하기를 기다렸다면 틀림없이 대승을 이루었다. 소승을 듣고 곧바로 문득 이것이 진실한 소승이라고 하며, 이로운 대로 증득했다고 여겼다. 항상 스스로의 허물을 뉘우쳐 이제 이것이 하나이며 함께 이해한 법성과 다르지 않음을 들었다. 때문에 곧 깨달았다'[9]는 것이다. 의도가 진실로 소승에 있지 않았던 사람들이 스스로의 허물을 뉘우쳐 이제 이와 같이 깨달았다. 지극한 기쁨이 어떻게 멈추겠는가. **기다림**[10]이란 또한 마땅한 기다림이다.

每作是念. 我等同入法性. 如來豈限之以必小. 是自取小耳. 所以示者. 夫說法以漸. 必先小而後大. 若我待於說大. 必以成大. 直過聞說小. 便謂是實小. 交利取證. 常自咎恨. 今聞是一. 與同入法性不差. 故即悟也. 意自非小徒自咎恨. 今悟如此. 致欣何已哉. 待者. 亦云當待.

**〈그 때 부처는 사리불에게 말하였다. 내가 천인과 인간과 사문〉.**[11] 제2단계다. 이미 소승의 길은 없으며 오직 부처로 나아갈 뿐임을 밝혔다. 신자(身子 : 사리불)는 쌓아온 깨달음이 깊고 분명하기 때문에 수기를 준다. 수기한다는 말씀이 어찌 실제로 그러하겠는가. 수기를 희구하는 무리들을 인도하기 위해서일 뿐이다.

---

8) 소(疏) 주석에 示疑爾. 어느 경우든 이유를 말하는 것이며, 『법화경』, 10c07, 경문의 所以者何에 해당한다.

9) 『법화경』, 10c07~10c14.

10) 『법화경』, 10c08.

11) 『법화경』, 10b09.

爾時佛告舍利弗吾於天人沙門. 第二段. 明既無小道. 唯趣于佛也. 身子積悟冥著. 故與其受記. 受記之唱. 豈實爾耶. 以引希記之徒耳.

**〈일찍이 2만억 부처에게서 ~ 부처가 보호하고 생각하는 바〉.**[12] (사리불은) 스스로 깨달았다며 기뻐했지만 (부처는 사리불을) 꾸짖음으로써 이것을 이루게 한다. 소승이 예전에는 큰 기대가 없었음에도 이제 일부러 수기한 것은 이(理) 가운데 소승이 없음을 나타낸다. 멀리 예전의 행적을 인용한 이유는 그 공(功)이 이 수기를 초래했음을 밝히기 위해서다. 유정(有情)이라고 말하지 않은 것은 당시 유정의 마음을 은밀히 견인하기 위해서다.

曾於二萬億佛至佛所護念. 因其自悟. 憙反譏以成之. 小乘昔無大望. 今偏授記者. 明理中無小. 所以遠引昔行者. 明功招斯記. 非曰有情為密牽時情心也.

**〈본래 원하던 것 때문에 삼승법을 말한다〉.**[13] 삼승의 교화는 본래 탁세를 위한 것이다. 그 국토가 이미 청정하면 삼승을 필요로 하지 않는다. 그런데 삼승을 말한 것은 삼승이 곧 일승이며 다시 별도의 삼승은 없음을 밝히고 싶어서다. 그것은 본래부터 삼승이 곧 일승임을 풀이하는 것이다. 때문에 본래 원하던 것이라고 말할 뿐이다. 어찌 진실로 삼승의 교화를 말하는 것이겠는가.

以本願故. 說三乘法. 三乘之化. 本為濁世. 其土既淨. 不容有

12) 『법화경』, 10b10~11b16. 경문은 曾於二萬億佛所.

13) 『법화경』, 11b25.

三. 而言三者. 欲明三即是一. 更無別三. 其本解三即是一. 故言以本願耳. 豈曰實說三化乎.

**〈견만에게 수기를 주며〉.**[14] 견만보살에게도 수기한 이유는 신자(身子 : 사리불)가 받은 수기가 헛되지 않음을 증명하기 위해서다.

授堅滿記. 所以又授堅滿記者. 證身子得記不虛.

**〈그 때 4부 대중 ~ 마음이 크게 환희하여〉.**[15] 제3단계다. 스스로의 능력을 믿는 무리들[성문聲聞]을 인도하자, 모두 이 몫이 있음을 알았기 때문에 환희한 것이다.

爾時四部衆至心大歡喜. 第三段. 引自岸之徒. 知皆有此分. 故歡喜也.

**〈사리불이 부처에게 아뢰었다. 저는 다시는 의심이 없어〉.**[16] 덕(德)이 두터우면 곧 근심이 깊다. 도(道)는 위대해야 곧 왕(王)을 겸한다.[17] 신자(身子, 사리불)는 이미 깨달음이 열렸으며, 마음이 있는 사람들[有心]을 그 현묘한 이해에 동참시키려 한다. 때문에 **천 2백명**[18]의 사람들을 위해서 의문을 제기하며 부처에게 여쭌다. 이 여러 성문

14) 『법화경』, 11c06. 경문은 授堅滿菩薩阿耨多羅三藐三菩提記.

15) 『법화경』, 12a07~12a10.

16) 『법화경』, 12b02. 경문은 爾時舍利弗白佛言. 世尊. 我今無復疑悔.

17) 사람들이 깨달음에 동참할 수 있어야 한다는 의미인 것 같다. 근거는 『장자(莊子)』 「잡편(雜篇)」, 제33편 천하(天下)의 제2장에서 묵자(墨子)의 도(道)는 인정(人情)과 동떨어져서 세상 사람들이 받아들이지 못하므로 왕(王)의 도(道)에서 멀어져 있다고 비판하는 내용으로서, 여기서는 이 내용을 간접 인용한 것 같다.

18) 『법화경』, 12b04.

들은 예전의 의심은 이미 없지만, 지금은 집착이 있어서 반드시 활짝 열어야 한다. 그 후에야 비로소 설명할 뿐이다.

**舍利弗白佛言. 我無復疑悔. 夫德厚則憂深. 道大則兼王. 身子啟悟已畢. 欲令有心. 同其玄解. 故為千二百. 騰疑白佛. 此諸聲聞. 既無昔疑. 而有今執. 必須開張. 然後乃釋耳.**

**〈들어본 적이 없는 것을 듣고〉.**[19] 예전에는 삼승으로 배를 채웠지만 지금은 일승을 복용한다. 똑같이 성인의 말이지만 앞의 것과 뒤의 것은 모순이다. 때문에 들은 것에 대해 의심을 가진다.

**聞所未聞. 昔飡于三. 而今服一. 同是聖言. 而先後鉾楯. 故結疑於其聞也.**

**〈지혜가 있는 사람은 비유로써 이해할 수 있다〉.**[20] 앞서 한 말은 그들이 품은 의심을 꺾기 위해서였다. 지금은 지혜 있는 사람이 그 의미를 이끌어내도록 (하기 위해서) 말한다. 지혜는 어리석음에 반대되는 성질이다. 이미 **지혜 있는 사람은 비유를 듣고 마음으로 깨닫는다**고 말했으며, 이 말을 넓혀 가면서 그들이 빠르게 깨닫도록 격려할 뿐이다.

**智者以譬喻得解. 向言以挫其抱疑. 今云智者以牽其意. 智以背愚為性. 既曰智者聞譬心悟. 以此言斥之. 厲其速悟耳.**

**〈어느 나라〉.**[21] 여기부터는 의미를 비유한다. 모두 7단계로 이(理)

19) 『법화경』, 12b07.
20) 『법화경』, 12b13.

를 설명한다. 1단계는 집 안에서 재환(災患)이 다투어 발생하며, 여러 가지 재앙이 뒤엉키고 있음을 밝힌다. 2단계는 이 근심과 재앙을 아는 것은 오직 부처뿐이라는 것이다. 3단계는 부처가 이미 알아채고 또 자식들을 구하기 위한 대비심을 일으키고 있다. 4단계는 앞으로 3가지 수레라는 즐거움을 주려고 한다. 때문에 먼저 집 안의 두려운 일을 말한다. 5단계는 3가지 수레라는 즐거움을 준다. 6단계는 그 진실한 1개의 수레로 지극한 즐거움을 준다. 7단계는 앞서 3개의 수레를 주겠다고 했지만 결국 그것을 주지 않는다. (3가지 수레를 주는 것이) 허망하기 때문이다. **나라[國]**는 성(城)이라는 처소다. 중생은 3계라는 성 안에 있으며 그것을 나라로 삼는다. 제1단계(는 여기부터)다. **고을[邑]**이란 전혀 제한이 없다는 것이다. 제한[極]은 고을을 비유한다. 가까운 사람이라는 제한이 있으면 이것은 **취락**[22]에 비유한다. 일성(一城)과 같은 말이다. 의미에 따라 사정에 따라 여러 가지 이름이 생긴 것이다.

**若國邑. 自下義況. 凡七段明理. 一者明宅中. 灾患競興. 群禍交萃. 二者覺茲患禍. 其唯佛也. 三者佛既自覺. 又興大悲. 拔濟諸子. 四者將與三乘之樂. 故先說宅中怖畏之事. 五者與三乘之樂也. 六者與其真實一乘至樂也. 七者上許三車. 竟不與之事. 以虛妄也. 國者對城處所. 眾生在三界城內. 謂之為國. 第一段也. 邑者十無極. 極譬邑. 有限近人. 譬之聚落. 同語一城. 隨義逐事. 則萬端名生也.**

---

21) 『법화경』, 12b13.

22) 『법화경』, 12b13.

**〈큰 장자가 있었다〉.**[23] 부처가 이 마을[之]을 통솔하면서 존숭 받아서 **장자**라고 하는 것이다.

有大長者. 佛應統之. 是其所崇. 為長者也.

**〈나이는 매우 많아 늙었지만〉.**[24] 늙은 몸[後邊]을 드러냈는데 3승의 가르침을 시설하기 위해서다.

其年衰邁. 現身後邊. 以設三乘之教也.

**〈재산이 한량없었고〉.**[25] 설법의 자산인 혜명(慧命)을 **재산**이라 하고, 이(理)에 막힘이나 제한이 없음을 **한량없음**이라고 한다.

財富無量. 說法資慧命為財. 理無窮限為無量.

**〈전답과 집 및 하인이 많았다〉.**[26] 교화로써 더러움을 제거하며 그 도(道)의 싹을 기르는 것을 **밭**이라 하고, 와서 머무는 그것[其]을 **집**이라 한다. 가르침에 따라 행동함을 **하인**이라고 한다. 이렇지 않은 곳이 없음[27]을 **많았다**라고 한 것이다.

多有田宅及諸僮僕. 化去其穢. 生其道牙為田. 來居其為宅. 從教作行. 為僮僕. 無處非是. 為多也.

**〈그 집은 크고 넓었다〉.**[28] 미혹[29]을 근본으로 삼아 이것에 안주함

---

23) 『법화경』, 12b13.
24) 『법화경』, 12b14.
25) 『법화경』, 12b14.
26) 『법화경』, 12b14.
27) 전답과 집, 하인이 없는 곳이 없다는 의미일 것이다.

이 **집**의 의미다. 미혹은 일정한 곳이 없음을 **크고 넓었다**고 한 것이다.

**其家廣大. 以或為本而安之. 是家之義也. 或無方所. 為廣大也.**

**〈단지 문이 하나뿐이다〉.**[30] 깨달음에 통하는 부처의 가르침을 **문**이라고 한다. 오직 이것만이 곧 통함을 **하나**라고 했다.

**唯有一門. 佛教通悟為門. 唯此乃通為一.**

**〈일백 명, 이백 명〉.**[31] 천인(天人)을 **일백 명**, 인간을 이백 명, 3악취를 **오백 명**[32]이라고 한다. 계(界)에 따라 **살고 있었다**[33]고 한 것이다.

**百二百. 天為一百. 人為二百. 三惡趣為五百. 依界為止也.**

**〈대청과 다락이 낡고 오래 되어〉.**[34] 욕계를 대청[堂], 그 위의 2계를 다락[閣]이라고 한 것이다. 점점 허물어져서 **낡고 오래 되었다**고 한 것이다.

**堂閣朽故. 欲界為堂. 上二界為閣. 漸衰為朽故也.**

**〈담장은 무너지고〉.**[35] 여러 미혹이 사방에 가득함을 **담장**이라고 하며, 행위가 불선(不善)하여 극복되어야 함을 **무너졌다**고 했다.

---

28) 『법화경』, 12b15.
29) 소(疏) 주석에 或與惑同下準之.(或은 惑과 같으며, 이하도 그렇다.)
30) 『법화경』, 12b15.
31) 『법화경』, 12b15. 경문은 一百二百乃至五百人.
32) 『법화경』, 12b16.
33) 『법화경』, 12b16.
34) 『법화경』, 12b16.
35) 『법화경』, 12b16.

墻壁頹落. 群或四統. 謂之為牆. 為不善所尅. 謂之頹落.

〈**기둥뿌리가 썩었으며**〉.[36] 머물고 있는 사견(邪見)을 **기둥**이라 하고, 이(理)에 어긋나 견고하지 못함을 **썩었다**고 한 것이다.

柱根腐敗. 邪見住之. 為柱. 乖理非堅. 為腐敗也.

〈**대들보는 기울어져 위태로웠다**〉.[37] 어리석음과 탐욕을 **대들보** 삼아서 버티고 있는데, 이(理)가 쉽게 빼앗을 수 있어서 **기울어져 위태로웠다**고 한다.

梁棟傾危. 楪在癡愛為樑棟理易可奪為傾危.

〈**온 사방으로 한꺼번에 거센 불이 일어나 집을 불태우고 있었다**〉.[38] 온갖 고통을 불길에 비유한다. (불길이) 보이지[39] 않은 곳이 없어서 **온 사방**이라고 한다. 마구 치솟아 나오므로 **거센 불**이라고 한다. 사태가 이르렀음을 **일어나**라고 한다. 오음(五陰)이라는 **집을 불태우고** 있는 것이다.

周迊俱時焱然火起焚燒舍宅. 衆苦譬火燒. 無處不示. 為周迊. 出於橫造. 為欻然. 事至為起. 燒五陰舍也.

〈**10명, 20명 혹은 30명의 자식들**〉.[40] 이미 교화를 받은 사람을

36) 『법화경』, 12b17.
37) 『법화경』, 12b17.
38) 『법화경』, 12b17.
39) 소(疏) 주석에 示疑爾. 의미상 별 차이는 없다.
40) 『법화경』, 12b18.

**자식**이라고 하는 것이다. 3승의 구별이 있어서 (10, 20, 30의) 3가지가 된다. (교화를 받은 사람이) 많기 때문에 10이라고 한 것이다.

諸子一十廿或至卅. 已曾受化. 為子也. 有三乘之別為三. 多故為十也.

**〈장자는 사면에서 큰 불이 나는 것을 보고 크게 놀라며 두려워했다〉.**[41] 제2단계다. 부처는 이 고(苦)를 깨달았다. 본래 교화했다면 고(苦)가 있어서는 안 되므로 **놀랐다**고 한다. 고를 받아 의식은 혼미해지고 혜명(慧命)이 결국 **불**에 다 탈까 겁이 났기 때문에 **두려워한** 것이다.

長者見大火從四面起即大驚怖. 第二段. 佛覺斯苦也. 本化不應有苦. 為驚. 受苦昏意. 恐慧命遂盡於火. 故怖也.

**〈이렇게 생각했다. 나는 비록 불난 집 문을 무사히 나오는 일이 가능했지만〉.**[42] 부처는 집 안에서 모습을 드러내어 고(苦)가 있다는 것을 보여주기도 하지만, 현재는 열반[泥洹]에 들어서 혜명[43]이 완전함을 **나오다**라고 했으며, 유여(有餘)의 힘으로 무여(無餘)에 이를 수 있음을 **가능했다**라고 한 것이다. 또 이전 부처의 가르침에 따른다는 것을 **불난 집 문을 나오는 일이 가능했다**라고 한 것이기도 하다.

而作是念我雖能於所燒之門安隱得出. 佛應形在宅. 亦示有苦. 現入泥洹. 惠命全為出有餘之力. 得至無餘為能. 亦從先佛教為能. 於所燒之門得出.

---

41) 『법화경』, 12b19.

42) 『법화경』, 12b20.

43) 소(疏) 본문의 惠는 慧의 오기인 것 같다.

**〈여러 자식들이 장난치고 노는 데 기꺼이 빠져서〉.**[44] 마음[情]이 5욕에 노니는 것을 **장난치며 놀다**라고 한다. 계속 묶여[45] 있어서 버리지 못함을 **기꺼이 빠져서**라고 한다.

**而諸子等樂著嬉戲. 情遊五欲. 為嬉戲. 經綿不捨. 為樂著.**

**〈깨닫지도 못하고 알지도 못하며 놀라지도 않고 두려워하지도 않는다〉.**[46] 목숨을 해친다고 생각하지 않음을 **깨닫지도 못한다**라고 한다. 이미 깨닫지 못했는데 무슨 연유로 놀라며 두려워하겠는가.

**不覺不知不驚不怖. 不謂害命. 為不覺知. 既不覺知. 何緣驚怖.**

**〈불이 곧 몸에 닥쳐와 ~ 나갈 뜻이 없구나〉.**[47] 상해[傷]가 혜명을 핍박해도 근심할 줄을 모른다. 이것이 경험될 만큼 나타나지 않았으므로 어떻게 구출에 호응하겠는가.

**火來逼身至無求出意. 傷逼慧命. 不以為患. 經之不狀. 何應求出.**

**〈이때 장자는 이런 생각을 했다. 내 몸과 손에는 힘이 있다〉.**[48] 제3단계이며, 부처가 함께 성취하려 함[兼濟][49]을 밝힌다. 이미 교

---

44) 『법화경』, 12b21. 경문은 而諸子等. 於火宅內樂著嬉戲.
45) 소(疏) 주석에 經疑纏.
46) 『법화경』, 12b22.
47) 『법화경』, 12b22~23.
48) 『법화경』, 12b23. 경문은 是長者作是思惟.
49) 兼濟. 도(道)와 물(物) 양자를 아울러 함께 완성한다는 의미다. 출처는 『莊子』 「雜篇」, 第32篇 列禦寇의 第3章이다.

(苦)를 자각하고, 중생[物]으로 하여금 그렇게 같아지도록 하려고 한다. 때문에 대비를 일으켜 이들을 구제하러 간다. 본래 다른 교화란 없지만, 이 사실에 어긋나서 고(苦)를 받는다. 진실로 일승을 사용하여 이들을 가르치기 위해 돌아와야 한다. 때문에 일승의 가르침을 시설하려고 한 것이다. **몸**은 자취가 있는 **몸**이다. 자취가 있는 **몸**의 이(理)는 이끌고 접촉하는 것이어서 **손**이라고 했다. 필연적 능력을 **힘**이라고 한 것이다.

是時長者作是思惟我身手有力. 第三段明佛兼濟. 既自覺苦. 欲使物同然. 故興大悲. 迋濟之也. 本無二化. 乖之受苦. 自應還用一乘教之. 故欲設一乘教也. 身者迹身. 迹身理能提接為手. 必能為力也.

**〈옷가지〉.**[50] **옷**은 잘 접어서 자식을 감싸는 기능이 있다. 신통하게 출현하며 험난함 속에서 중생[物]을 구제하는 (부처의) 재능이다.

衣裓. 衣能曲褁子. 出如神通. 能崎岖濟物.

**〈책 상자〉.**[51] 사무량심[四等]이다. 이(理)에 관한 언설들은 고르게 비슷하거나 같다.

机案四等. 理言說平若等.

**〈다시 생각했다. 이 집의 문은 단지 하나뿐이다〉.**[52] 제4단계다.

---

50) 『법화경』, 12b24.
51) 『법화경』, 12b24.
52) 『법화경』, 12b25.

장차 3가지 수레의 즐거움을 주려고 한다. 집 안의 두려운 일을 먼저 [無][53] 말한 것은 그들[其情]이 두려워하도록 하기 위해서다. 갖가지 미혹이 가득한 곳이 **집**이다.

復更思惟是舍唯有一門. 第四段. 將欲與三車之樂. 無說宅中怖畏之事. 以恐其情也. 衆惑所敞. 為舍.

**〈매우 좁아〉.**[54] 가르침의 문은 매우 심오해서 깨달음으로 향하는 사람이 적음을 문에 빗대면 **좁다**가 된다.

狹小. 教門幽邃. 遊悟者寡. 於門成小.

**〈놀이터에 몹시 빠져〉.**[55] 성인이 인도하더라도 어리석고 유치하여 알지 못한다. 더욱이 5욕의 놀이터에 **몹시 빠져**버린다. 아마 3악도[三塗]의 불에 떨어져버릴 것이다. 일승[一]으로 교화하려고 하더라도 어찌 소용이 있겠는가. 때문에 임시로 이것은 그만둔다.

戀著戲處. 聖雖誘化. 而愚稚不識. 反更戀著五欲戲處. 或當墮落三塗火也. 雖欲一化. 豈可用乎. 故假癈之矣.

**〈동서로 뛰어 놀며 아버지를 바라볼 뿐이었다〉.**[56] 5도(五道)를 편력하는 것을 **뛰다**라고 했다. 6진(六塵)을 중심으로 즐기는 것을 **놀다**

53) 無는 先의 오기인 것 같다. 경전의 해당 부분(『법화경』, 12b25~c04)은 장자가 아이들에게 집에 불이 난 것을 알려주고 나오도록 했지만, 아이들이 못 알아듣고 장난에만 빠져 있다는 내용이다. 즉 장자는 아이들에게 집 안에서 발생한 두려운 일에 대해 먼저 말해준다.

54) 『법화경』, 12b26.

55) 『법화경』, 12b26.

56) 『법화경』, 12c03.

라고 했다. 단지 부처[丈六]를 바라볼 뿐 마음[方寸]에 닿지 않음을 **아버지를 바라볼 뿐**이라고 했다.

東西走戱視父而已. 遍歷五道. 謂之走. 旋遊六塵. 謂之戱. 但視丈六. 不達方寸. 為視父而已.

**〈그때 장자는 ~ 큰 불에 타고 있어서〉.**[57] 제5단계이며 3가지 수레[乘]의 즐거움을 주려고 한다. 앞서 이미 그들[其情]이 두려워하도록 하기 위해 두려운 일들을 말했다. 그들은 이윽고 불안함을 느꼈더라도 문득 3가지 멋진 수레[車]에 대해 듣는다면 마음[心]으로 반드시 즐겁게 받아들인다. 이것은 진실한 가르침이 아니라서 방편이라고 하는 것이다.

爾時長者至已為大火所燒. 第五段欲與三乘樂也. 向既說怖畏之事. 以恐其情. 其情既懼. 忽聞三車之美. 心必樂受. 非是實教. 謂之方便也.

**〈아버지는 자식들이 우선적으로 각각 좋아하는 것이 있음을 알고〉.**[58] 중생이 좋아하는 것은 고(苦)를 대체할 만한 즐거움이다. 이제 3가지 수레[乘]의 즐거움을 말한다. 바로 그들이 좋아하는 것이지만 진실한 것은 아니다. 고를 대체할 만한 즐거움이란 고를 없애는 즐거움이며, 그러함이 없으면 고가 된다. 3승은 영영 없는 것이어서 고가 있으므로 어떻게 같이 논할 수 있겠는가. 그 실정에 따라 순응하며

---

57) 『법화경』, 12c04~05.
58) 『법화경』, 12c06.

고처(苦處)에서 이끌어내려는 지극한 방편인 것이다. 원래 3승은 없는데 어떻게 그 즐거움이 있겠는가. 그래도 이것이 있다고 말하는 것 또한 방편이다. 3승의 즐거움은 고를 없애는 데 있다고 해도 고는 다 없어지지 않았다. 그래도 드러내 밝히지 않은 것도 방편인 것이다. 부처의 교화는 사람에게 달려있다. 소승은 스승을 따른다. 2가지 비유인 **소**[59]와 **양**[60]은 사람들 사이에 있는 사물이다. 벽지불[61]은 원래 교화할 수 없고, 또 스승을 따르지도 않는다. 그래서 **사슴**[62]에 비유한다. 3계에 유전한다는 이 의미는 곧 먼 길을 걸어가는 고(苦)이며, 이(理)에는 참으로 그러함[苦]이 없다. 걸음을 대신할 만한 즐거움을 **수레[車]**[63]에 비유한 것이다. 가르침의 문을 따라 불난 집에서 나오면 곧 이것[車]을 얻는다. 때문에 **문 밖에 있다**[64]고 말한 것이다.

父知諸子先心各有所好. 衆生所好. 在於代苦為樂. 今言三乘之樂. 是其所好. 似而非也. 代苦為樂者. 於無苦為樂. 於無為為苦. 三乘永無有苦. 豈可同日論哉. 迹順其情實. 得牽出苦處. 方便之極也. 既無三乘. 何有彼樂. 而言有之. 亦方便也. 言三乘樂在於滅苦. 苦既不滅. 而不顯明又方便也. 佛化在人. 小乘從師. 二譬牛羊. 是人中物. 譬支佛既不能化. 又不從師. 以譬鹿也. 三界流轉. 義如步驟. 長途之苦. 理能無為. 代步之樂. 以喻車也. 從教門出於火宅. 便得之矣. 故云在門外也.

---

59) 『법화경』, 12c10. 경문의 牛車 중의 牛..

60) 『법화경』, 12c09. 경문의 羊車 중의 羊.

61) 소(疏) 주석 譬疑辟.

62) 『법화경』, 12c10. 경문의 鹿車 중의 鹿.

63) 『법화경』, 12c09~10. 경문의 羊車鹿車牛車 중의 車.

64) 『법화경』, 12c10.

**〈그 때 자식들은 ~ 앞다투며 불난 집에서 나왔다〉.**[65] 좋아하는 것을 말씀했기 때문에 받아들인다. 이미 받을 것에 대해 이해하고 여러 수행을 하는 것을 **달려 나왔다**라고 한 것이다. 말씀에 따라 열심히 달려 반드시 힘써 먼저 얻기 위해 **앞 다툴** 뿐이다. 만약 공(空)이라고 말했다면 이해하지 못하고 더욱이 불타버렸을 것이다. 어떻게 나올 기회가 있었겠는가.

爾時諸子至諍出火宅. 謂是所好故受. 既受得解. 而作諸行. 為走出也. 從謂致走. 必務先得. 為諍前耳. 若空謂而不解. 乃反為火燒. 豈有出期.

**〈이 때 장자는 자식들이 무사히 나온 것을 보았다〉.**[66] 제6단계다. 앞서 방법상[權] 3가지 수레의 즐거움을 주겠다고 하며 인도했다. 이제 큰 수레라는 오묘한 하나의 즐거움을 주어 다시는 어떠한 고(苦)도 없음을 **무사히 나온 것**이라고 한다.

是時長者見諸子等安穩得出. 第六段. 向權引與三車之樂. 今與大車妙一之樂. 無復諸苦. 為安隱出也.

**〈4거리에〉.**[67] 실상(實相)에 있으며 이(理)에 통하지 않음이 없음을 **4거리**라고 했다. 그 가운데 잘 머물러 있는 것을 **앉아 있다**[68]라고 했다. 다시는 번뇌[結使]에 뒤덮여 장애받는 일이 없음을 **드러나다**[69]

65) 『법화경』, 12c11~13. 경문은 競共馳走爭出火宅.
66) 『법화경』, 12c13.
67) 『법화경』, 12c14.
68) 『법화경』, 12c15.

라고 한 것이다.

於四衢道. 在實相. 無不通理. 為四衢道. 定住其中. 為坐. 無復結使覆障. 為露也.

**〈각자 아버지께 말씀드렸다. 아버지께서 좀 전에 주신다던〉.**[70] (아버지의) 말씀을 이해했다. 비록 실제로는 3가지 수레가 없음을 안다고 해도 아직 문 밖으로 나오지 않았다면 이는 아직 모른다는 뜻이다. 이미 나오고 비로소 3가지 수레가 없음을 알았지만 역시 하나의 수레를 아직 알지 못한다는 것을 의미한다. 때문에 주시겠다고 한 것을 찾는다는 뜻이다. 그런데 부처가 앞서 그 하나의 수레를 주겠다고 하지 않아서 (자식들이) 감히 하나의 수레를 찾지는 못한다. 때문에 3가지 수레를 보답으로 찾는다. 이(理)에는 진실로 3가지 수레란 없다. 자연히 하나의 수레를 주는 것이다. 찾는다는 의미는 이와 같다. 이것은 곧 하나의 수레를 붙잡는 계기[機]를 그윽히 드러내기 위해서 그렇게 말씀했을 뿐이라는 것이다.

各白父言父先所許. 從謂得解. 雖實知無三. 未出門外. 義是未知. 既出. 始知無三. 義亦未是知一. 故有索所許之義. 然佛先不許其一. 不敢索一. 故報三而索. 理苟無三. 自然與一矣. 索義如此. 斯則扣一之機. 冥著. 為之設辭爾耳.

**〈수레〉.**[71] 2승에서 진지(盡智), 무생지(無生智)가 바로 이것이다.

---

69) 『법화경』, 12c14. 경문은 露地.

70) 『법화경』, 12c16.

71) 『법화경』, 12c16~17. 경문의 羊車鹿車牛車 중의 車.

3계 내에 어찌 수레가 없겠는가. 다만 이름을 붙이지 않고 은밀하게 수행자를 인도하려고 한 것이다. 때문에 궁극의 지점[處]으로 나아가는 것을 **수레**라고 할 뿐이다. 큰 수레란 부처의 지점[處]인 까닭에 이미 희미하며 현묘하게 끊어져 있다. 어렵지만 거칠게라도 접촉하기 위해서는 장륙(丈六)이라는 부처의 자취를 드러내어 사람들에게 친근해져야한다. 때문에 장륙의 얕은 지혜를 가리켜 **수레**라고 한 것이다. 7주 보살은 3계의 번뇌[結]를 조복시켰으며, 이는 집 밖에 있는 그 사람들[72]이 요구하는 것을 의미한다.

車者. 指二乘盡智無生智是也. 三界內豈無車乎. 但不與之名. 密欲引行者. 故就極處為車耳. 大乘者. 所以佛處既希微玄絕. 難以接麁. 以丈六迹得近人. 故指丈六淺智為車也. 七住菩薩伏三界結. 義在宅外. 其人索也.

**〈각각 자식들에게 똑같이 하나의 큰 수레를 주었다〉.**[73] 요구로 말미암아 3가지가 하나의 이(理)라는 설명을 얻는다. 이(理)는 진실로 3가지가 없으며 이제 그 하나를 준 것이다. 하나임을 미처 알지 못하여 주었다고 한 것이며, 처음 주었다는 것이 아니다. 본래 (3가지가) 없음을 이미 이해했다면 어찌 다시 임시로 설명하겠는가. (임시 설명에) 의탁하여 통달하지 못한 모두[諸]를 깨우칠 뿐이다. 이 설명에 의탁한 이유는 참으로 사람의 마음은 아(我)를 믿으며, 교화를 잘 받아들이지 않아서다. 이미 듣고 나온 사람도 아직 이해하지 못한다.

72) 소(疏) 주석에 人字原本不明. 그렇지만 人자가 없더라도 其가 지시대명사로서 역할을 하므로 의미는 같을 것이다.

73) 『법화경』, 12c18.

마땅히 알 수 있도록 설명해야 하며, 더욱이 자아에 대한 것도 그렇다. 곧 부득불 받아들임으로써 깨달음을 성취할 것이다.

各賜諸子等一大車. 由索得說三是一理. 理苟無三. 今與其一. 一是未知為與. 非始與也. 本已解無. 豈更假說哉. 託以悟諸不達耳. 所以託之. 良由人情信我. 不肯受化. 既聞出者未解. 須說方知. 況於己乎. 便不得不受. 以成悟也.

**〈온갖 보물로 장식된 수레〉.**[74] (이 구절은) 대승의 오묘한 이(理)에는 선(善)이 갖춰져 있지 않음이 없음을 나타내기 위한 것이다.

衆寶莊嚴車者. 表所以大乘妙理無善而不備矣.

**〈높고 넓음〉.**[75] 이(理)가 헤아림[數]을 초월해 있다는 것을 표현하여 **높다**고 한 것이며, 둘레가 끝이 없음을 **넓다**고 했다.

高廣. 理超數表為高. 彌綸無極. 為廣.

**〈온갖 보물〉.**[76] 총 8만 4천 바라밀을 **온갖 보물**이라고 한다. 온갖 보물로 된 **난간**[77]은 다라니를 비유한다.

衆寶. 總八萬四千波羅密. 為衆寶也. 衆寶欄楯. 喻陀羅尼.

**〈4면에 풍경을 달았고〉.**[78] 4변(四辨 : 四無碍辯)을 비유한다.

---

74) 『법화경』, 12c18. 경문은 一大車. 이하에서 수레의 특징을 설명하고 있다.
75) 『법화경』, 12c19.
76) 『법화경』, 12c19.
77) 『법화경』, 12c19.
78) 『법화경』, 12c19.

四面懸鈴. 以喻四辨.

**〈휘장 덮개〉.**[79] 자비를 비유한다.

**軒盖. 以喻慈悲.**

**〈잡다한 보물〉.**[80] 7재(七財)라는 보물이다.

**雜寶. 七財之寶.**

**〈보배 줄〉.**[81] 대서원이 온갖 선(善)과 묘과(妙果)를 연결하고 있음을 비유한다.

**寶繩. 況大誓願. 連綴眾善妙果.**

**〈화려한 영락〉.**[82] 7각화(七覺花)다.

**華瓔. 七覺花也.**

**〈자리를 여러 겹 깔고〉.**[83] 모든 선정이다.

**重敷綩延. 諸禪定也.**

**〈붉은 베개〉.**[84] 모든 공덕을 비유하며, 서로 지탱한다는 뜻에서

---

79) 『법화경』, 12c20. 경문은 幰蓋.

80) 『법화경』, 12c20.

81) 『법화경』, 12c21.

82) 『법화경』, 12c21.

83) 『법화경』, 12c21. 경문은 綩綖.

**베개**라고 한 것이다.

丹枕. 喻諸功德. 相支枕也.

**〈흰 소 ~ 바람 같이 빨랐고〉.**[85] 6통(六通)이 무구(無垢)함을 **흰 소**라고 했다. 안팎으로 매우 깨끗함을 **피부색이 매끄럽다**[86]고 한 것이다. 이(理)의 오묘한 인연이 원만함을 **형체가 아름답고 좋았다**[87]고 했으며, 물러남이 없음을 **강한 근력**[88]이라고 했다. 중도(中道)로 움직여 나아감을 **걸음이 평탄했다**[89]고 한 것이며, 없어지거나 도달하지[□][90] 못함이 없음을 **바람 같이 빨랐다**고 했다. 5도(五道)에 들어가 큰 교화를 펼치기 위한 용도로 이것에 **멍에를 채워**[91] 유람하게 된다.

白牛至其疾如風. 六通無垢. 為白牛. 內外窮淨. 為膚色充潔. 理妙因圓. 為形體姝好. 無所不摧. 為大筋力. 動進中道. 為行步平正. 無滅不□. 為疾如風. 用宣大化. 入於五道. 為駕之遊.

**〈많은 시종들〉.**[92] 가르침을 밝히며 일으켜 나아가는 사람을 떠받드는 시종이 숲처럼 (많은) 것이다.

---

84) 『법화경』, 12c21.
85) 『법화경』, 12c22~23.
86) 『법화경』, 12c22.
87) 『법화경』, 12c22.
88) 『법화경』, 12c22.
89) 『법화경』, 12c23.
90) 소(疏) 주석에 □疑至.
91) 『법화경』, 12c22.
92) 『법화경』, 12c23. 경문은 又多僕從.

多諸僕從. 明教作行者宗. 侍如林也.

**〈왜냐하면〉.**[93] 똑같이 이것을 준 의도가 무엇인지를 풀이하는 것이다.

所以者何. 釋所以等與之意也.

**〈사리불아, 네 생각은 어떠냐 ~ 허망하다고 하겠는가〉.**[94] 제7단계다. 앞서 3가지 수레를 주겠다고 하고, 지금은 1가지 수레를 주었다. 한 일이 먼저 했던 말과 달라서 허망한 것처럼 보인다. 그래서 사리불[身子]에게 반대로 질문하여 허망하지 않음을 밝힌다.

舍利弗於汝意云何至寧有虛妄不. 第七段. 上許與三車. 今乃與一. 事乖先言. 似若虛妄. 故反質身子. 明非虛妄.

**〈단지 자식들로 하여금 ~ 생명을 온전하게 하도록 한 것만도〉.**[95] 허망하지 않은 이유를 밝힌다. 비록 본래 사실은 3승을 주려고 했지만 이제 주지 않았다. 그래도 허망하지 않다.

但令諸子至全軀命. 明所以不虛妄. 若本實欲與三乘. 而今不與. 亦不虛妄.

**〈왜냐하면〉.**[96] 단지 그 혜명(慧命)을 온전하게 한 것만도 이 은혜

93) 『법화경』, 12c24.
94) 『법화경』, 13a02~03.
95) 『법화경』, 13a04. 경문은 全其軀命.
96) 『법화경』, 13a05.

는 매우 커서 허물을 채우기에 충분하다. 어떤 허망함이 있겠는가.

何以故. 但令全其慧命. 斯恩甚重. 足以補愆. 有何虛哉.

**〈작은 수레 하나를 주지 않더라도 오히려 허망하지 않다〉.**[97] 하물며 본래부터 줄 마음이 없었고 이제 그것을 주지 않았으므로 먼저 한 말을 어긴 것이 아니다. 어찌 허망하겠는가. 더욱이 곧 큰 수레를 주었으므로 얻은 바가 많다.

乃至不與最小一車. 猶不虛妄. 而況本無與心. 今之不與. 不乖先言. 豈虛妄乎. 況復乃與大車. 則所得多矣.

**〈여래도 이와 같다〉.**[98] 이하는 또한 7단계가 있다. 위의 비유와 합치한다. 앞의 4단계는 곧바로 속뜻을 드러내며 위의 비유에 합치한다. 뒤의 3단계는 먼저 겉으로 비유를 말하고,[99] 나중에 속뜻으로써 그것과 합치한다. 왜인가? 뒤의 3단계는 처음에 3가지 수레를 말하고, 다음으로 큰 수레를 주며, 최후에는 허망하지 않다는 것이다. 가르침을 일으킨 의도는 역시 일승을 위해서다. 일승의 종지는 뒤의 3단계에서 드러나기 때문에 먼저 말하고 합치하는 것이다. 앞의 4단계는 뒤의 3단계를 성립시키기 위해 만든 것이기 때문에 직접 위의 비유를 드러낼 뿐이다.

如來亦復如是. 自下亦有七段. 合上譬也. 前四段直擧內義.

97) 『법화경』, 13a07.

98) 『법화경』, 13a11.

99) 소(疏) 주석에 稱原本字体不明或攝字歟下同.(稱자는 원본에서 글자가 불분명하며 혹시 攝이 아닌가, 이하 동일) 그런데 내용상 둘 다 가능한 것 같다.

以合上譬. 後三段先稱外譬. 後以內義合之. 何耶. 後三者. 初說三車. 次與大車. 最後非虛妄. 興教之意. 亦為一乘. 一乘之旨. 顯於後三. 故先稱而合也. 前四段為成後三而作. 故直帖上譬耳.

**〈세간의 아버지〉.**[100] 이미 중생[物]이 우러러보기 때문에 먼저 오묘한 덕(德)을 나열한다.

世間之父. 既為物尊. 故先序妙德.

**〈여기부터 ~ 아뇩다라를 이루게 하다〉.**[101] 위의 1번째인 집의 형세 비유와 합치한다.

從此至成阿耨多羅. 合上第一譬宅形勢也.

**〈중생들이 태어나고 죽으며 ~ 큰 고(苦)를 당하면서도 걱정할 줄 모르는 것을 보았다〉.**[102] 위의 2번째인 여래가 고(苦)를 자각한 비유와 합치한다.

見諸衆生為生老至雖遭大苦不以為患. 合上第二譬如來覺知苦也.

**〈사리불아, 부처는 이런 것을 보고는 문득 이렇게 생각했다. 내가 중생의 아버지가 되었으니 ~ 지혜로 그들을 즐겁게 하리라〉.**[103] 위

100) 『법화경』, 13a12.
101) 『법화경』, 13a12~18. 경문의 於諸怖畏~教化令得阿耨多羅三藐三菩提.
102) 『법화경』, 13a18~26.
103) 『법화경』, 13a26~28. 경문의 舍利弗. 佛見此已.~與無量無邊佛智慧樂. 令其遊戲.

의 3번째인 여래가 대비로써 중생[物]을 구제하려는 마음의 비유에 합치한다.

舍利弗佛見是已便作是念我為眾生之父至智慧令其遊戲. 合上第三譬. 如來欲以大悲濟物之心.

**〈사리불아, 여래는 또 이렇게 생각했다. 만약 내가 단지 신통한 힘으로써 ~ 부처의 지혜〉.**[104] 위의 4번째인 장차 3가지 수레의 재미를 주려고 하기 전에 두려운 일을 먼저 말한 비유에 합치한다.

舍利弗如來復作是念若我但以神力至佛之智慧. 合上第四譬. 將欲與三車之樂. 故先說怖畏之事.

**〈사리불아, 저 장자가 몸과 팔에 힘이 있지만〉.**[105] 위의 5번째인 3가지 수레의 재미를 주는 비유에 합치한다. 아래로 3가지 수레가 나열되어 있다.

舍利弗如彼長者身手有力合上第五譬. 與三車之樂. 下備烈三車也.

**〈사리불아, 저 장자가 자식들이 무사히 불난 집에서 나와 있는 것을 보고〉.**[106] 위의 6번째인 큰 수레를 준 비유에 합치한다.

舍利弗如彼長者見諸子等安穩得出火宅. 合上第六與大車譬.

---

104) 『법화경』, 13a29~13b04.

105) 『법화경』, 13b04. 경문의 舍利弗. 如彼長者. 雖復身手有力而不用之 이하의 내용.

106) 『법화경』, 13b29. 경문의 舍利弗. 如彼長者. 見諸子等安隱得出火宅 이하의 내용.

**〈사리불아, 저 장자가 3가지 수레로 유인했지만〉.**[107] 위의 7번째인 허망하지 않다는 비유에 합치한다.

**舍利弗如彼長者以三車誘引. 合上第七非虛妄譬.**

**〈계송으로 말씀했다〉.**[108] 이하는 위의 7가지 비유를 거듭 읊는다. 처음 33개 게송[109]은 1번째인 집안의 온갖 재앙의 비유를 읊는다. 2번째 부분인 부처가 온갖 고(苦)를 자각한 것은 생략하고 읊지 않는데 의미가 알기 쉽기 때문이다.

**而說偈言. 自下. 重頌上七譬. 初卅三偈. 頌第一宅中衆灾譬也. 略不頌第二門佛覺衆苦. 以義易知故也.**

**〈한 사람에게 속했는데〉.**[110] 예전에 했던 교화의 계기가 성인을 부르고, 성인은 곧 부응한다. 부응했다는 것은 이 구절에서 나타나며, 낡은 집이 부처에게만 속해 있음을 의미한다.

**屬于一人. 昔化之機扣聖. 聖則府應. 府應在此. 義曰朽宅. 屬于佛耳.**

**〈그 사람이 집을 나온 지 오래되지 않아 ~ 홀연히 불이 일어나〉.**[111] **오래되지 않아**라고 한 이유는 나온 후에 불이 났으므로 불이 난 것은

107) 『법화경』, 13c10. 경문의 舍利弗. 如彼長者. 初以三車誘引諸子 이하의 내용.
108) 『법화경』, 13c18.
109) 『법화경』, 13c19~14b04. 경문의 譬如長者~衆難非一.
110) 『법화경』, 14a19.
111) 『법화경』, 14a19~20.

중생으로부터이지 부처 때문이 아님을 밝히기 위해서다. 성인의 감응이 잠시 사라졌음을 **오래되지 않아**라고 말했을 뿐이다. 예전의 교화가 얕고 어두워서 그들이 스스로 찾다가 어긋났다. 이(理)에 어긋남이 심해지고, 그래서 모든 고(苦)가 있게 됨을 **홀연히 불이 일어나**라고 했다.

其人近出至忽然火起. 所以云近出者. 明出後火起. 起自眾生. 非佛為也. 聖感蹔亡. 謂近出耳. 昔化淺昧. 彼自尋乖. 乖理成橫. 而有諸苦. 為忽然火起.

**〈이때 집주인은 문 밖에 서있었는데〉.**[112] 이하 3개 게송[113]은 3번째 단계인 부처가 대비로써 중생[物]을 제도한 것을 읊는다. 여래가 3계를 뛰어 넘어 있음을 **문 밖에 서있었다**라고 한 것이다.

是時宅主在門外立. 此下三偈. 頌第三段佛以大悲濟物. 如來超出三界. 為門外立也.

**〈어떤 사람의 말을 들으니, 당신의 자식들, 노는 것을 좋아하여, 이 집에 들어갔고〉.**[114] 예전에 교화를 받아서 태어난 이들을 **자식**이라고 한다. 교화의 이(理)는 3계 밖에 있다. 스스로 찾아도 교화에 어긋나고 다시 5욕에 탐닉하는 것을 **노는 것**이라고 한다. 그로 인해 받은 몸을 **이 집에 들어가서**라고 했다. 집주인이 이미 왔고, 예전의 인연도 나타나 그 계기로 성인을 부르는 것을 임의로 **어떤 사람의 말**이라고

112) 『법화경』, 14b05.

113) 『법화경』, 14b05~08. 경문의 是時宅主~令無燒害.

114) 『법화경』, 14b05.

한 것이다. 성인은 감응하여 잘 통하므로 반드시 이 말을 듣는다.

聞有人言汝諸子等先因遊戲來入此宅. 昔受化從生為子. 化理在三界外. 尋自乖化. 還躭五欲. 為遊戲. 因之受身. 為來入此宅. 宅主既來. 昔緣亦發. 機以扣聖. 假為人言. 聖應遂通. 必聞之矣.

**〈자식들을 타이르며〉.**[115] 이하 5개 게송[116]은 위의 4번째 단계인 집 안의 두려운 일을 말한 것을 읊는다.

**告喻諸子. 自下五偈. 頌上第四段說宅中怖畏之事.**

**〈이 때 장자는 이런 생각을 했네〉.**[117] 이하 7개 반의 게송[118]은 위의 5번째 단계인 3가지 수레의 즐거움을 준 일을 읊는다.

**是時長者而作是念. 自下七偈半. 頌上第五段與三車之樂.**

**〈장자는 자식들이 불난 집을 나간 것을 알고〉.**[119] 이하 17개 게송[120]은 위의 6번째 단계인 똑같이 큰 수레를 준 일을 읊는다. 7번째인 허망하지 않음은 읊지 않고 있다.

**長者知子得出火宅. 自下十七偈. 頌上第六段等與大車也. 不頌第七不虛妄也.**

115) 『법화경』, 14b09.

116) 『법화경』, 14b09~15. 경문의 告喻諸子~嬉戲不已.

117) 『법화경』, 14b15.

118) 『법화경』, 14b15~25. 경문의 是時長者~離諸苦難.

119) 『법화경』, 14b25. 경문은 長者見子.

120) 『법화경』, 14b25~14c19. 경문의 長者見子~自在無礙.

**〈큰 수레 여러 개를 만드는데〉.**[121] 대승의 이(理)는 꾸며서 만들어지는 것이 아니다. 자식들이 앞서 알지 못하여 그들이 비로소 알도록 하는 것을 **만들다**라고 한 것이다.

造諸大車. 大乘理無造作. 子先不知. 使其始知為造耳.

**〈사리불에게 말하니, 나 또한 이와 같아서〉.**[122] 이하 4개의 게송[123]은 위의 1번째인 집의 형세 비유에 합치한다.

告舍利弗我亦如是. 自下四偈. 合上第一譬宅形勢也.

**〈여래는 이미 3계라는 불난 집을 떠나〉.**[124] 이 1개 게송[125]은 2번째 비유에 합치한다.

如來已離三界火宅此一偈. 合第二譬也.

**〈지금 이 3계는 모두 내 것이오〉.**[126] 이 2개 게송[127]은 3번째 비유에 합치한다.

今此三界皆是我有. 此二偈合第三譬.

**〈비록 타이르고 가르쳐도〉.**[128] 이하 4개 게송[129]은 앞의 5번째 비

121) 『법화경』, 14c09.
122) 『법화경』, 14c19.
123) 『법화경』, 14c19~24. 경문의 告舍利弗~熾然不息.
124) 『법화경』, 14c24.
125) 『법화경』, 14c24~25. 경문의 如來已離~安處林野.
126) 『법화경』, 14c26.
127) 『법화경』, 14c26~28. 경문의 今此三界~能爲救護.

유에 합치한다. 4번째와 합치하지 않는 이유는 두려운 일을 말한 것은 곧 즐거움을 준 것이기 때문에 별도로 합치하지는 않는 것이다.

雖復教詔. 自下四偈. 合前第五譬. 所以不合第四者. 說怖畏即是與樂. 故不別合也.

**〈그대 사리불아, 나는 중생을 위하여〉.**[130] 이 1개의 게송[131]은 6번째 비유에 합치한다. 7번째인 허망하지 않음은 6번째의 1승의 의미로 증명이 성립한다. 때문에 별도로 합치하지는 않는 것이다.

汝舍利弗我為衆生. 此一偈合第六譬. 第七不虛妄. 證成第六一乘義. 故不別合也.

**〈너희들이 이 말을 믿고 받아들이면〉.**[132] 대개 고원하게 말하면 반드시 아는[133] 사람은 드물다. 이(理)가 심오하여 분명 믿는 이가 적다. 앞에서 1승의 도(道)는 종지가 현묘하며 지극히 멀고 아득해서 조짐이 끊어져 앎이 얕은 사람들은 믿음을 갖기가 참으로 어려움을 밝혔다. 여기부터는 사람을 위한 말씀이 허망할 수 없음을 밝힌다. 도타운 자리에서 힘써 말한다면, 올바르게 나아가는 무리들이 어찌 스스로 이것을 굳건하게 믿고 깨닫지 않을 수 있겠는가.

汝等若能信受是語. 夫唱高必知寡理深必信少. 前明一乘之

128) 『법화경』, 14c28.
129) 『법화경』, 14c28~15a04. 경문의 雖復教詔~不追菩薩.
130) 『법화경』, 15a05.
131) 『법화경』, 15a05~06. 경문의 汝舍利弗~說一佛乘.
132) 『법화경』, 15a06.
133) 소(疏) 주석에 知疑和.

道. 則旨玄致邈. 冥然絕眹. 近識之徒. 取信良難. 自下. 明不可妄為人說. 厲言篤席. 向方之徒. 安得不自輙信悟之矣.

**〈법인〉.**[134] 1승의 오묘한 이(理)다. 이(理)의 막힘없음은 왕의 인장과 같아서 통하지 않는 경우가 없다.

法印. 一乘妙理. 理無壅滯. 如王者之印. 無所不通矣.

**〈이런 사람의 죄의 과보〉.**[135] 장차 후대에까지도 도(道)가 천하에 퍼지도록 하려고 한다. 때문에 득실의 법도[軌]를 시설하여 사람들을 훈계하는 것이다.

此人罪報. 將欲流後代. 於便道宣天下. 故設得失之軌. 以誡人也.

**〈법화경〉.**[136] 의미를 포함하지 않음이 없고, 선(善)이 갖추어지지 않음이 없다. 만약 이것을 따른다면 곧 복이 모이지 않음이 없고, 이것을 거스른다면 곧 악(惡)이 있지 않음이 없을 것이다. 때문에 죄와 복의 과보를 폭넓게 나열하여 이 생각을 나타내고 있다.

法華經者. 無義而不包. 無善而不備. 若順之者. 則無福而不集. 逆之者. 則無惡而不有. 故廣列罪福之報. 以表斯意也.

134) 『법화경』, 15b07.
135) 『법화경』, 15b25.
136) 『법화경』, 16b06.

# 4. 신해품(信解品)

4대 성문(聲聞)은 비록 비유로 인해 깨달음을 얻었지만, 깨달은 다음에 자취는 미심쩍은 것 같다. 때문에 스스로 가난한 아들 이야기를 설명하며 그 이해를 나타낸다. 이해가 분명하며 바르게 살피는 것으로 이것을 **믿고 이해함[信解]**[1]이라고 한다. 또 이로 인해 먼저의 3승이 뒤에 1승이 되는 도(道)를 거듭 드러낸다.

信解品第四. 四大聲聞. 雖因譬得悟. 悟既在後. 迹似未審. 故自說窮子. 以表其解. 解必是審. 謂之信解. 亦因玆重明先三後一之道.

**〈부처로부터 일찍이 들어보지 못했던 법을 듣고〉.**[2] 예전에는 3가지가 다르다고 했지만 이제 이것은 하나라는 것, 더구나 사리불[身子]에게 무상도(無上道)를 수기해 주는 것을 듣는다. 부처로부터 이 소리를 들었으며, 이 소리는 아직까지 들어본 적이 없었던 것이다. 이것으로 인해 기대하지 않았던 것을 스스로 증득하여 **기쁨**[3]이 보통의 배가 될 뿐이다.

從佛所聞未曾有法. 昔謂三異. 今聞是一. 乃授身子無上道記. 從佛聞此之音. 此聞所未聞. 因此自證. 所得非望. 欣喜倍常耳.

---

1) 『법화경』, 16b07.

2) 『법화경』, 16b09.

3) 『법화경』, 16b10. 경문의 歡喜踊躍.

**〈자리에서 일어나〉.**[4] 이하는 3번에 걸쳐서 왜 **환희**[5]했는지를 서술한다.

**卽從座起. 自下三番序. 所以歡喜之意也.**

**〈대중의 우두머리 ~ 다시 나아가 아뇩다라삼먁삼보리를 구하지 않았다〉.**[6] 이미 (열반을) 증득(했다고 생각)해서 더 바랄 것이 없었다는 마음(情)을 표현한 말이다. 제1번이다.

**從居僧之首至不復進. 求阿耨多羅三藐三菩提. 謂已得證. 情表望絕. 第一番也.**

**〈예전부터 법을 말씀한지 오래지만〉.**[7] 제2번이다. 예전에 부처의 『반야경』 설법들을 들었다. 이것을 듣고도 피곤하고 게을러서 단지 공(空), 무상(無相)만을 생각할 뿐 불국토를 깨끗이 하거나 중생을 교화하려는 마음은 영영 없었다.

**往昔說法既久. 第二番. 往日聞佛說波若諸經. 聞之疲懈. 唯念空無相而已. 永無淨佛國土化眾生心也.**

**〈또 이제 이미 너무나 늙어서〉.**[8] 제3번이다. 이미 몸은 삶의 끝자락[後邊[9]身]에 가깝고, 나이[春秋]가 매우 많다. 매우 많기 때문에

4) 『법화경』, 16b11.
5) 『법화경』, 16b10.
6) 『법화경』, 16b13~15.
7) 『법화경』, 16b15.
8) 『법화경』, 16b19. 경문은 又今我等年已朽邁.
9) 소(疏) 주석에 邊字原本不明.

**무상도에 대해 조금이라도 좋아하는 마음이 생기지 않는다.**[10)]

又今年已朽邁. 第三番. 既近後邊身. 春秋朽邁. 朽邁故. 於無上道. 不生一念好樂之心.

**〈우리들은 이제 부처 앞에서 성문에게 수기하는 것을 듣고, 마음이 매우 환희하여〉.**[11)] 이상 3번은 자만[自岸]의 허물이다. 이제 갑자기 성문에게 수기해 주는 것을 듣고, 마음은 뛸 듯이 기뻤으며 자만[岸]도 없다. 즉 무량한 진보(珍寶)가 구하지 않아도 저절로 이른다. **환희**의 의미가 여기서 드러난다.

我等今於佛前. 聞授聲聞無上道記. 心甚歡喜. 向三番. 是自岸之過. 今忽聞授聲聞記. 情踊無岸. 則無量珍寶. 不求自至. 歡喜之義. 顯於玆矣.

**〈기꺼이 비유를 들어 말합니다〉.**[12)] 소승의 사람은 본래 큰 바람이 없다. 오직 2승에 있을 뿐이다. 거듭 이들을 위해 비유를 든다. 이하는 3단계로 **무량한 진보를 구하지 않아도 저절로 얻음**[13)]의 의미를 설명한다. 제1은 4대성문은 예전에 이미 2만 부처의 처소에 있었으며, 석가의 도(道)를 몰랐지만 아버지와 아들이라는 관계로 묶여 있음을 밝힌다. 제2는 그 신묘한 계기가 그윽하게 드러나 석가가 부응해서 3승의 가르침을 말하게 되었음을 밝힌다. 제3은 바야흐로 법화

10) 『법화경』, 16b19. 경문은 於佛教化菩薩阿耨多羅三藐三菩提.

11) 『법화경』, 16b20.

12) 『법화경』, 16b25.

13) 『법화경』, 16b23.

가 하나의 지극한 말씀임을 말하기 위한 것이다. 이로 인해 멀게는 부처의 뜻을 드러내고, 가깝게는 들은 바를 완성시키도록 돕는다.

樂說譬喩. 小乘之人. 本無大望. 唯在二乘. 重為之設譬. 自下三段. 明所以無量珍寶不求自得義也. 第一明四大聲聞. 昔日已於二萬佛所. 蒙釋迦道. 被結乎父子義. 第二明其神機冥著. 釋迦府應. 為說三乘之教. 第三為其說法華一極之致. 因此遠顯佛義. 近助成所聞也.

**〈비유하면, 만약 나이 어린 사람이 있었는데〉.**[14] 제1단계로서 아버지와 아들의 의미를 밝힌다. 예전에 보살일 때 교화를 받았으며, 교화의 이(理)는 본래 하나였다. 부처로부터 태어난 하나를 아들이라고 하며, 부처는 곧 아버지다. 교화를 그렇게 받기 시작했음을 **나이가 어리다**라고 했다.

譬若有人年既幼稚. 第一段明父子義. 昔受菩薩時化. 化理本一. 一從佛生為子. 佛即父也. 受化始爾. 為幼稚也.

**〈아버지를 버리고 나가〉.**[15] 교화를 그렇게 받기 시작했지만 과(果)는 아직 다가오지[16] 않았고, 도리어 세간의 미혹에 깊이 빠져 미혹해서 5도[17]를 간다. 모두 교화했어도 가버리는 것을 **아버지를 버리고 나가**라고 한 것이다.

14) 『법화경』, 16b25.
15) 『법화경』, 16b26.
16) 소(疏) 주석에 來字原本不明.
17) 내용상 正은 五인 것 같다.

捨父逃逝. 受化始爾. 果未來至. 還深世或. 或走正道. 皆化而去. 為捨父逃逝.

**〈오래도록 다른 나라에 살며〉.**[18] 자연스러운 교화 환경을 **자기 나라**[本國][19]라고 한다. 생사가 마구 벌이지는 것을 **다른 나라**[他國]라고 한 것이다. 교화에서 떠나 있던 날이 오래된 것을 **오래도록**[20]이라고 했고, 막힌 채 머물러 있음을 **살며**라고 한 것이다.

久住他國. 化境自然. 為本國. 生死橫造. 為他國. 去化日遠. 為人留滯. 為住也.

**〈혹 10, 20, 50년 되었으며〉.**[21] 5는 5도를 말하며, 10은 머문 지가 오래되었음을 말한다. 일정하지 않기 때문에 **혹**인 것이다.

或十廿至五十歲. 五言五道. 十言住久. 不定故或也.

**〈나이가 많이 들어서도 매우 곤궁하여〉.**[22] 교화를 버린 지가 이미 오래 되었음을 **나이가 많이 들었다**고 한 것이다. 생사에 허우적대고 있음을 **곤궁하여**라고 했다.

年既長大加復窮困. 去化既久. 為長大. 跉跰生死. 為窮困也.

18) 『법화경』, 16b26.
19) 『법화경』, 16b28.
20) 소(疏) 본문의 人은 久의 오기인 것 같다.
21) 『법화경』, 16b26.
22) 『법화경』, 16b27.

**〈사방으로 분주하게 돌아다니며 의식을 구하다가〉.**[23] 5도를 두루 떠돌며 헤매지 않은 곳이 없음을 **사방으로 분주하게 돌아다니다**라고 했다. 나이가 들면서 비유품에서 말씀한 즐거움인 큰 즐거움[24]을 구해보려 했지만 곤궁하여 작은 즐거움을 추구하는 것이다.

馳騁四方. 以求衣食. 周遍五道. 無處不求. 為馳騁四方. 長則求於大樂譬樂. 窮則求於小樂也.

**〈점점 떠돌다가 우연히 본국으로 향했다〉.**[25] 미혹의 과보로 갑자기 받아들이지는 못함을 **점점**이라고 했다. 본래의 장소가 아닌 곳으로 점점 가는 것을 **떠돌다**라고 했다. 교화의 힘을 받아 다시 깨달음으로 돌아가는 것을 **본국으로 향하다**라고 했다. 인연이 잠잠하게 끌어오는 것이지 그렇게 하려고 의도한 것이 아니어서 **우연히**라고 한 것이다.

漸漸遊行遇向本國. 惑報不可頓受. 為漸. 漸之非本處. 為遊行. 化勢應還歸悟. 為向本國. 緣潛牽來. 非意欲爾為遇也.

**〈그 아버지는 앞서 아들을 찾아다녔지만 찾지 못하다가 도중에 하나의 성에 머물렀다〉.**[26] 제2단계로서 부처는 (아들을) 위해서 3승의 가르침을 말하게 된다. 부처가 예전에 이미 교화했던 행적에서는 혹 생사에 떨어져 있을 자식을 항상 찾으려 했지만 일이 어긋났음을 **찾지**

23) 『법화경』, 16b27.
24) 앞의 비유품에서 장자가 자식들에게 준 큰 수레를 가리키는 것으로 보인다.
25) 『법화경』, 16b28.
26) 『법화경』, 16b28.

**못하다**고 한 것이다. 이제 자식이 예전의 인연에 따라 이르렀다. 그러나 생사의 즐거움에 집착하여 마음[情]은 본래와 달라졌다. 아버지는 그에 따라 사람의 몸으로 낮추게 된 부처로서 자취가 진실에 이르지 않음을 **도중에 머물렀다**고 한 것이다. 1승의 이(理)가 잘못을 방어할 수 있음을 **성**이라고 했다. 시방에서 귀화함을 **하나**라고 한 것이다.

其父先來求子不得中止一城. 第二段成佛為說三乘之教. 佛昔既化積行. 常欲求子. 子或墮在生死. 事乖為不得. 今子昔緣應至. 而著生死樂. 情異於本. 父應府就人身作佛. 迹不及實. 為中止. 一乘之理. 可以防非為城. 十方歸化為一也.

**〈그 집은 크게 부유하여 재물과 보배가 한량없었다〉.**[27] 비록 사람의 몸을 한 부처의 처소라고 해도 이(理)는 법(法)이 아님이 없다. 이것은 즉 법이라는 재물이 끝이 없어서 부유하다는 것이다.

其家大富財寶無量. 雖在人身作佛處. 理無非法. 斯則富有法財. 而無窮極.

**〈금, 은, 유리 ~ 모두 다 가득 차서 넘쳤고〉.**[28] 7성재(七聖財)라는 보배는 넘볼 수가 없다는 것을 **창고**[29]로 (표현)했다. 이(理)는 말을 뛰어넘음을 **가득 차서 넘치다**고 했다.

金銀瑠璃至悉皆盈溢. 七聖財寶. 無能闚闞. 為倉庫. 理過於言. 為盈溢.

27)『법화경』, 16b29.
28)『법화경』, 16c01.
29)『법화경』, 16c02.

**〈하인, 마부, 신하, 관리인, 백성들 ~ 소와 양이 무수히 많았으며〉.**[30] 외도를 **하인**[僮], 온갖 마구니를 **마부**[僕]라고 했다. 반드시 귀의하여 교화를 따른다는 의미에서 **하인과 마부**라고 한 것이다. 보살을 **신하**[臣佐]라고 했으며 교화가 바르게 펴지도록 돕는다. 성문을 **관리인**[吏]이라고 했으며 삿되고 그릇됨을 단속한다. 3계의 중생을 **백성**[民]이라고 했고, 부처는 (그들을) 거느리는 왕인 것이다.

多有僮僕臣佐吏民至牛羊無數. 外道為僮. 眾魔為僕. 必歸從化. 義曰僮僕. 菩薩為臣佐. 助宣正化. 聲聞為吏. 防撿邪非. 三界眾生為民. 佛所統王也.

**〈코끼리, 말, 소, 양〉**[31]은 3승과 5통[五神通]의 모든 공덕이며, **수레**란 이(理)는 어디에서나 운행한다는 것이다.

象馬牛羊者. 三乘五通諸功德也. 車者. 理運無方也.

**〈나가고 들어오는 이익이 다른 나라에까지 두루 하여〉.**[32] 밖으로 교화하는 것을 **나가고**라고 하며, **나가서** 그들을 교화하는 행위를 **이익**이라고 한다. **이익**을 받아들여 교화된 이들이 5도(五道)에 두루 있음을 **다른 나라에 두루 하다**고 했다.

出入息利乃遍他國. 外化為出. 出化彼行. 為息利. 利入所化. 周在五道. 為遍他國.

---

30) 『법화경』, 16c02~03.

31) 『법화경』, 16c02. 경문의 象馬車乘牛羊無數.

32) 『법화경』, 16c03.

**〈장사꾼과 거간꾼도 매우 많았다〉.**[33] 법을 받아서 시방을 교화하는 보살을 판매자라고 한 것이다.

商估價客亦甚衆多. 菩薩受法. 以化十方. 為販賣者也.

**〈그때 빈궁한 아들은 여러 취락을 돌아다니고 ~ 머물고 있는 성에〉.**[34] 예전의 인연에 이끌려 아버지가 머물고 있는 성으로 향한다. 이(理)에 **도달하게**[35] 된 것이다.

時貧窮子遊諸聚落至所止之城. 昔緣牽向父所止城. 理為至也.

**〈아버지는 아들을 항상 생각하며 ~ 50여년〉.**[36] 자비로운 생각으로써 어쩌면 이(理)에 어긋나 있을 것이라고 가엾게 여긴다. 그리고 아들이 교화를 받은 후에도 5도에 미혹하게 빠져있음을 **50년**이라고 한 것이다.

父每念子至五十餘年. 慈悲之念. 念之乖理. 而子受化之後. 迷淪五道. 為五十年也.

**〈그러나 아직까지 이 일을 다른 사람에게 말한 적이 없었고〉.**[37] 아직까지 다른 사람에게 2승이 성불한다고 말한 적이 없다는 말이다. 부처의 큰 자비는 본래 고(苦)를 제거하려고 한다. 그러나 그가 생사를 즐거워하여 진실한 교화를 거스른다. 모름지기 권교로서 3승이

33) 『법화경』, 16c03.
34) 『법화경』, 16c04~05.
35) 『법화경』, 16c05. 경문은 到.
36) 『법화경』, 16c05~06.
37) 『법화경』, 16c06.

필요하다. 3승으로써 미미한 마음에 순응하고 그 후에 이 하나를 만들 수 있는 것이다.

而未曾向人說如此事. 謂未曾向人說二乘成佛. 佛之大慈. 本欲拔苦. 而彼樂生死. 真化則逆. 要須權三. 三順微心. 然後可造之一也.

**〈단지 혼자서만 생각하며 마음에 회한을 품고서〉.**[38] 본래의 교화가 충분하지 않아서 돌아가게 하여 혹 유전하게 만든 것을 한탄할 뿐이다. 모두 자비 때문에 널리 말씀하지 않았을 뿐이다.

但自思惟. 心懷悔恨. 唯恨本化不濃. 致使還或流轉. 悉為慈悲. 無方設辭耳.

**〈스스로 생각하기를, 늙었는데 ~ 그 아들을 항상 기억했다〉.**[39] **늙었다**란 삶의 끝자락임[後邊身]을 말하는 것이다.

自念老朽至每憶其子. 老朽者. 謂後邊身也.

**〈자식이 없다〉.**[40] 아직 2승이 부처가 된다고는 말하지 않았다는 말이다. 무상의 법보를 이어받을 이가 없을까 염려하는 것이다.

無有息. 謂未說二乘作佛. 慮無上法寶. 無所付嗣也.

**〈그때 빈궁한 아들은 품팔이를 하며 이리저리 다니다가 우연히 아버지가 사는 집에 이르러 대문 옆에 서있었다〉.**[41] 예전의 선행으로

---

38) 『법화경』, 16c06.

39) 『법화경』, 16c07~09.

40) 『법화경』, 16c08. 경문은 無有子息.

세간의 즐거움을 얻는 일을 **품팔이**라고 했다. 그러나 실제로는 좋은 일[善受]이 아니다. 때문에 자신의 예전의 인연이 은근하게 **아버지가 사는 집에 이르게** 한다. 대승의 말씀을 **아버지가 사는 집**이라고 했다. 말미암아 나온 곳을 **문**이라고 했다. 본래의 인연으로 마땅히 들어가야 한다. 그러나 마음에 거리껴서 받아들이지 못한다. 때문에 그 옆에서 주저한다.

爾時窮子傭賃展轉遇到父舍住立門側. 昔所行善. 以取世樂. 為傭賃. 而實非善受. 故自昔緣. 為潛到父舍. 大乘之說. 為父舍. 所由出處. 為門. 本緣應入. 而情牽不受. 故躊躇其側.

**〈멀리서 그의 아버지를 바라보았다. 그는 사자좌에 걸터앉아 보배로 된 받침대에 발을 얹고〉.**[42] 예전의 인연이 대승 설법의 취지를 알도록 하는 것을 **멀리서 아버지를 바라보았다**라고 했다. 이(理)가 법신이 되어 머무는 곳에서 두려움이 없음을 **사자좌에 걸터앉아**라고 했으며, 무위(無爲)에 항상 충분히 머물러 있음을 **보배로 된 받침대에 발을 얹고**라고 한 것이다.

遙見其父踞師子床. 寶机承足. 昔緣使見大乘說旨. 為遙見父. 理為法身. 所處無畏. 踞師子床. 住足恒在無為. 為寶机承其足也.

**〈여러 바라문 ~ 공경하며 둘러싸고〉.**[43] 이러한 여러 하늘은 모두 스스로 자부심을 갖고 있다. 그렇지만 모두 으뜸으로 섬기는 것은 이

41) 『법화경』, 16c11.
42) 『법화경』, 16c12.
43) 『법화경』, 16c13~13.

(理)가 이들을 조복시켜서 그런 것이다.

諸婆羅門至恭敬圍遶. 如此諸天. 皆自持憍傲. 而皆宗事者. 理伏之然也.

**〈진주와 영락으로 그 몸을 장엄했고〉.**[44] 형체가 법이 아님이 없다. 즉 법보로 그 몸을 장엄한 것이다.

以真珠瓔珞. 莊嚴其身. 形無非法. 則是法寶莊嚴其身也.

**〈시종과 하인이 흰 총채를 들고 좌우에서 모셨으며〉.**[45] 가르침을 받들어 믿음이라는 **손**으로 무루혜라는 **총채[拂]**를 **든다.** 의미는 좌우에서 모시면서 티끌과 어리석음을 털어낸다는 것이다.

吏民僮僕手執白拂侍立左右. 奉教信手. 執無漏慧拂. 義為侍立左右. 拂塵嚚也.

**〈보물을 벌여놓고 출납하며 주고받는〉.**[46] 법상(法相)을 펼쳐놓고 반드시 그가 얻도록 한다. 그가 얻으면 곧 그 의미가 자신에게 귀속됨을 **주고받음**이라고 한 것이다.

羅列寶物. 出內取與. 陳顯法相. 必使彼得. 彼得乃義歸於己. 為取與也.

**〈빈궁한 아들은 아버지를 보았는데 큰 세력을 갖고 있어서 곧 공**

---

44) 『법화경』, 16c13. 경문은 以真珠瓔珞價直千萬莊嚴其身.
45) 『법화경』, 16c14.
46) 『법화경』, 16c16.

**포를 느껴 이곳에 온 것을 후회하며〉.**[47] 아버지라는 이(理)가 그 마음[情]을 조복시키는 능력이 있음을 **세력을 갖고 있음**이라고 했다. 마음을 조복당할까 두려워하는 것을 **공포**라고 했다. 대승[大]을 포함한 계기[機]가 성인을 붙잡은 것을 **아버지를 보았다**라고 했다. 그러나 마음[情]의 미혹이 마음[心]을 가로 막아서 대승[大]을 아직 받아들이지 못함을 **이곳에 온 것을 후회하며**라고 했다.

窮子見父有大力勢即懷恐怖悔來至此. 父理能伏其情. 為有力勢. 伏情之所畏. 為恐怖. 含大之機. 扣聖為見父. 而情或翳心. 未能受大. 為悔來至此.

**〈이렇게 생각하였다. ~ 물품을 얻을 만한 곳이 아니다〉.**[48] 대승[大]을 포함한 계기[機]가 아직 분명해지지 않아서 공허하게 이러한 말을 한다.

竊作是念至非得物之處. 含大之機未著. 廣設辭如此.

**〈가난한 마을에 가는 것만 못하다〉.**[49] 3계(界)를 **가난한 마을**이라고 했다. 5계(戒)와 10선(善)을 닦아 인간과 천상의 즐거움을 구하는 것을 **쉽게 얻다**[50]라고 한 것이다.

不如往至貧里. 三界為貧里. 修五戒十善. 求人天之樂. 為易得也.

---

47) 『법화경』, 16c17.
48) 『법화경』, 16c18~19. 경문은 非我傭力得物之處.(내가 품팔이 할 곳이 아니다.)
49) 『법화경』, 16c19.
50) 『법화경』, 16c20.

**〈오래 머물다가는 혹 핍박을 받아서〉.**[51] 오래 머물면 반드시 큰 도(道)를 수행하도록 한다. 큰 도를 수행시키는 것은 분명히 중생[物]을 위해서다. 중생[物]을 위한 일은 그 공덕이 나에게 있지 않다. 공덕이 나에게 있지 않다는 것은 타인을 위해 일하도록 **억지로 부림**[52]을 당하게 만든다는 것이다. 좋아하지 않는 이 지극한 근심거리에서 **빨리 달아나 사라진**[53] 것이다.

若久住或見逼迫. 久住必使行大道. 使行大道者. 必為物. 為物者. 功不在我. 功不在我者. 使見強使. 為他作也. 疾走不樂之至. 患去速也.

**〈아들을 문득 알아보고 마음이 크게 환희하여〉.**[54] 예전의 인연이 미묘하게 발동함을 **아들을 보다**라고 했다. 아들이 이제 비록 다시 마음[情]은 거스르고 있지만 나중에 반드시 대승[大]을 깨달을 것이다. 그래서 (아버지는) **환희**했다. 그윽한 계기[機]가 미묘하게 이르렀지만 아들 자신은 알지 못하고 있음을 **홀연히 스스로 왔다**[55]라고 했다.

見子便識心大歡喜. 昔緣微發. 為見子. 子今雖復情逆. 後必悟大. 是故歡喜. 冥機微至. 而己不知. 為忽自來.

**〈곧 옆 사람을 보내서〉.**[56] 장륙(丈六)이라는 (모습이) 부처의 조건

51) 『법화경』, 16c20.
52) 『법화경』, 16c21.
53) 『법화경』, 16c21. 경문은 疾走而去.
54) 『법화경』, 16c22.
55) 『법화경』, 16c24.
56) 『법화경』, 16c25.

[所以]은 아니라는 것을 **옆 사람**이라고 했다. 옆 사람이 대승[大]의 교화를 베풀려고 함을 사자를 **보내다**라고 했다. 대승[大]으로 가는 일이 가장 **시급하다는 것을 쫓아가서**[57]라고 한 것이다.

卽遣傍人. 丈六非所以佛. 為傍人. 傍人欲設大化. 為遣使. 往大是先急. 為追也.

**〈신속하게 달려가 붙들었다〉.**[58] 대승의 묘법은 이들을 굳건히 붙잡아주는 이(理)가 된다. 이(理)는 어느 겨를도 허용하지 않음을 **신속하게**라고 한 것이다.

疾走往捉. 大乘妙法. 為堅執之理. 理不容間. 為疾也.

**〈빈궁한 아들은 경악하며 ~ 왜 붙잡습니까〉.**[59] 본래 바라던 바가 아니었음을 드러내는 것을 **경악하다**라고 했다. 그 마음[情]에 매우 거스른다는 것을 **원망하며 크게 소리치다**[60]라고 했다. 오히려 잘못이 없는데도 붙잡히게 된 것이다.

窮子驚愕至何為見捉. 出非本意. 為驚愕. 甚逆其情. 為稱怨大喚. 猶無犯而致執也.

**〈사자는 그를 붙들고 더욱 급하게〉.**[61] 대승이 그를 붙들어서 그의 마음[情]이 변하도록 힘쓴다. 이(理)가 끝내 버리지 않음을 **억지로 끌**

57) 『법화경』, 16c25. 경문은 急追.
58) 『법화경』, 16c26.
59) 『법화경』, 16c26~27.
60) 『법화경』, 16c26.
61) 『법화경』, 16c27.

**어서라도**[62]라고 한 것이다.

使者執之逾急. 大乘執之. 轉功其情. 理終不捨. 為強牽也.

**〈그때 빈궁한 아들은 스스로 생각하기를 죄가 없는데 ~ 기절하여 땅에 쓰러졌다〉.**[63] 마음[情]이 매우 즐겁지 않다. 잘못이 있더라도 죄는 없다. 그런데 대승[大]의 교화에 붙들리게 되었다. 그 마음[心]에 매우[64] 어긋남을 **기절하여 땅에 쓰러졌다**라고 한 것이다.

于時窮子自念無罪至悶絕躃地. 情甚不樂. 有過無罪. 而致執大化. 其乖其心. 為悶絕躃地也.

**〈아버지는 멀리서 그것을 보고 ~ 억지로 데려오지 마라〉.**[65] 대승[大]으로 교화한다는 생각을 그만둔다. 임시적인 말이며 앞서 보냈던 사자에게 이렇게 말했을 뿐이다.

父遙見之至勿強將來. 廢不作大化之念. 假語前使云爾耳.

**〈냉수를 얼굴에 끼얹어〉.**[66] 만약 대승[大]의 교화를 외치며 그를 교화하면 곧 기절해 버린다. 이제 대승[大]의 교화를 멈추기만 하면 그는 곧 깨어날 것이다. **물을 얼굴에 끼얹다**란 이 의미를 표현한 것이다.

---

62) 『법화경』, 16c28.
63) 『법화경』, 16c28~29.
64) 소(疏) 주석에 其疑甚.
65) 『법화경』, 16c29~17a01.
66) 『법화경』, 17a01.

以冷水灑面. 若稱以大化. 化之則悶絶矣. 今但息大化. 其便醒悟. 水灑面者. 以表此義也.

**〈사자가 그에게 말했다. 내가 지금 너를 놓아줄 것이니〉.**[67] 또한 임시적인 말로서 그렇게 말할 뿐이다.

使者語之我今放汝者. 亦假語云爾.

**〈모습이 초라하며 보잘것없는 두 사람을 은밀히 보내며〉.**[68] **두 사람**이란 2승법에 속한다. 이것을 베풀려고 생각했음을 **보내며**라고 한 것이다. 진실은 감췄음을 **은밀히**라고 했다. 이(理)가 원만히 비추지 않고 있음을 **모습이 초라하며**라고 했다. 내면의 이해가 드러나지 않음을 **보잘것없다**라고 했다. 이러한 사람은 곧 왕의 사자가 아닌 것이다.

密遣二人形色憔悴無威德者. 二人者. 為二乘法. 作念欲施. 此為遣. 隱實為密. 理不光圓. 為形色憔悴. 內解不明. 為無威德. 如此之人. 則非王使也.

**〈너희들은 그에게 가서 ~ 너에게 품삯을 2배로 준다〉.**[69] 본래 의도[本]는 아니지만 마음[情]에 맞춰 주는 것을 **차분히 말하다**[70]라고 했다. 일을 시켜서 즐거움을 주는 것을 **일할 곳**[71]이라고 했다. 주는 바가 세간 보다 초월해 있음이 **품삯을 2배로 준다**는 것이다.

67) 『법화경』, 17a05.
68) 『법화경』, 17a08.
69) 『법화경』, 17a08~09.
70) 『법화경』, 17a09.
71) 『법화경』, 17a09.

汝可詣彼至倍與汝直. 順情非本. 為徐語. 使作行而與樂. 為作處. 所與超於世間. 倍與直也.

**〈우리 두 사람도 너와 같이 일한다〉.**[72] 법은 사람의 행위에 존재함을 **같이 일하다**라고 한 것이다.

我等二人亦共汝作. 法在人行. 為共作也.

**〈빈궁한 아들은 먼저 그 품삯을 받고〉.**[73] 사자가 말한 대로 받아들임을 **먼저 그 품삯을 받다**라고 했다. 진실로 믿고 의심하지 않았음을 **찾아가 함께 거름을 치우다**[74]라고 했다.

窮子先取其價. 受使所語. 為先取其價. 情怗無疑. 為尋與除糞.

**〈또 어느 날 ~ 몹시 더러웠다〉.**[75] 신통이 6가지 감정에 의지하고 있음을 **창문으로 바라보다**[76]라고 했다. 몸이 공덕으로 이루어진 것이 아님을 **바짝 야위어**[77]라고 했다. 번뇌[結使]로 이를 받아들이고 있음을 **몹시 더러웠다**라고 한 것이다.

又以他日至污穢不淨. 神通寄在六情. 為窓牖中見. 身非功德所成. 為羸疲. 結使受之. 為塵坌不淨也.

---

72) 『법화경』, 17a11.
73) 『법화경』, 17a12.
74) 『법화경』, 17a13.
75) 『법화경』, 17a14~15.
76) 『법화경』, 17a14.
77) 『법화경』, 17a14. 경문은 羸瘦.

**〈곧 영락을 벗어버리고 ~ 먼지를 몸에 바르고〉.**[78] 법신의 오묘한 장식을 감추는 것을 **영락의 장신구를 벗다**라고 했다. 보살이 부처가 된다는 것은 헛되게 겉모습을 좋게 하지 않는 것임을 나타내어 **때 묻은 옷을 입다**[79]라고 했다. 또 번뇌[結使]로 받게 된 삶을 **먼지를 몸에 바르다**라고 한 것이다.

即脫瓔珞至塵垢坌身. 隱法身妙餝. 為脫瓔珞之具. 示菩薩作佛. 不虛外好. 為著垢膩之衣. 亦是結使所受生. 為塵土坌身也.

**〈오른 손에는 거름 치우는 기구를 들었다. 엄격한 모습을 하고서〉.**[80] 무루(無漏)를 수행하지 않았음을 **거름 치우는 기구를 들다**라고 했다. 쉽고 편해서 **오른 손**이라고 했다. 마치 루(漏)를 막은 것처럼 보여서 **엄격한 모습을 하다**라고 한 것이다.

右手執持除糞之器. 狀有所畏. 不行無漏. 為執除糞器. 便易為右手. 似若防漏. 為狀有所畏也.

**〈일꾼들에게 너희들은 부지런히 일하라고 말했다〉.**[81] 녹야원에서 법륜을 굴렸을 때 의미를 말하자면 이와 같은 것이었다.

語作人汝等懃作. 鹿野轉法輪時. 義言如此也.

**〈방편으로써 그 아들에게 가까이 갈 수 있었다〉.**[82] 부처의 이(理)

78) 『법화경』, 17a15~16. 경문은 塵土坌身.
79) 『법화경』, 17a16.
80) 『법화경』, 17a16.
81) 『법화경』, 17a17.
82) 『법화경』, 17a18.

가 사람과 끊어져있어서 낮추어 보여줌으로써 이어질 수 있을 뿐이다.

以方便故得近其子. 佛理絕人. 府示得接耳.

**〈그 후 다시 말했다. ~ 네 품삯을 올려줄 것이고〉.**[83] 무루도에 들어간 후 결코 다시는 생사로 돌아가지 않는 것을 **언제나 여기서 일하고 다시 다른 데로 가지 말아라**[84]라고 했다. 얻은 즐거움이 7방편을 뛰어넘음을 **네 품삯을 올려줄 것이다**라고 한 것이다.

後復告言至當加汝價. 入無漏道後. 定不還生死. 為常此作不復餘去. 所得之樂. 過七方便. 為加汝價也.

**〈필요한 모든 것 ~ 필요한 만큼 줄 것이다〉.**[85] 무루의 여러 공덕은 부족하거나 적지 않음을 **소금, 조미료**[86] 등이라고 했다. 2승의 신통은 본래 그 자체가 제한적이고 약함을 **늙은 하인**[87]이라고 한 것이다.

諸所須至須者相給. 無漏諸功德. 無所乏少. 為鹽酢之屬. 二乘神通. 本自局弱. 為老蔽使人也.

**〈속이거나 게으름이 없어서 ~ 다른 일꾼들처럼〉.**[88] 그는 소승법을 편안하다고 느꼈으며, 이를 **너는 다른 일꾼들처럼 이러한 여러 나쁨이 있다고 보이지 않는다**[89]라고 했다. **다른 일꾼들**이란 7방편을

83) 『법화경』, 17a18~20.
84) 『법화경』, 17a19.
85) 『법화경』, 17a20~21. 경문은 諸有所須.
86) 『법화경』, 17a20.
87) 『법화경』, 17a21.
88) 『법화경』, 17a23~24. 경문은 無有欺怠瞋恨怨言.(속이거나 게으르거나 성내거나 원망하는 말이 없어서)

말한다. 7방편은 곧 이러한 나쁨이 있다.

**無有欺怠至如餘作人. 其情安小乘法. 謂之不見汝有此諸惡如餘作人. 餘作人者. 謂七方便. 七方便則有此惡也.**

**〈그를 아들이라고 불렀다〉.**[90] 무루를 얻었으므로 부처의 자식이나 마찬가지라고 **불렀지만**, 아직 진짜 아들이라고 말하지는 않았을 뿐이다. 名之為兒. 得無漏. 名似佛子. 未言真子耳.

**〈빈궁한 아들은 비록 이러한 대우가 기뻤지만 ~ 항상 거름만 치웠다〉.**[91] 4제[諦]의 이해와 선정 수행[思惟]이 각각 10년이었음을 20년[92]이라고 했다.

**窮子雖欣此遇至常令除糞. 見諦思惟各十. 謂廿年也.**

**〈무난하게 출입하며〉.**[93] 대승을 듣도록 하자 곧 이 이(理)에 출입하면서 어려움이나 의심이 없는 것이다.

**出入無難. 使聞大乘. 則出入此理. 無疑難也.**

**〈그러나 그 거처는 본래 있던 곳 그대로였다〉.**[94] 대승의 가르침을 다 듣게 되면서 이것이 자기의 것임을 알게 했지만 그는 아직 잘 이

---

89) 『법화경』, 17a24.
90) 『법화경』, 17a25.
91) 『법화경』, 17a26~27.
92) 『법화경』, 17a27.
93) 『법화경』, 17a28. 경문은 入出無難.
94) 『법화경』, 17a28.

해하지 못하고 있음을 **본래 있던 곳 그대로였다**라고 한 것이다.

然其所止猶在本處. 聞說大乘教已. 使知是己之有. 彼尚未領. 為猶在本處也.

**〈그 때 장자는 병이 생겨 ~ 허비하거나 잃지 않도록 해라〉.**[95] 이미 알고 있듯이 대승의 여러 경전을 설법하도록 시켰었다. 수보리에게 반야를 설법하도록 한 것처럼 그 물건들에 대해 가르치도록 모두 맡긴다.

爾時長者有疾至無令漏失. 既知使說大乘諸經. 如命須菩提說波若. 為以悉付教是其物.

**〈그 때 빈궁한 아들은 곧 가르침을 받고 ~ 또한 아직 버리지 못했다〉.**[96] 위임을 받았더라도 오히려 아직 자기의 물건임을 알지 못하고 예전처럼 느끼므로 이러하다.

爾時窮子即受教勅至亦未能捨. 雖受委付. 猶未知是己之物. 情故如此.

**〈다시 조금 지나서 아버지는 아들의 뜻이 점점 열리고 커진 것을 알았다〉.**[97] 제3단계이며, 그 마음[心]이 탁 트여서 대승[大]을 품는 계기[機]가 나타났다. 이로부터 여러 친족을 모이게 하여 그가 아들이라고 선언한다. 이는 곧 법화경을 설법하기 위해서다.

---

95) 『법화경』, 17a29~17b04.
96) 『법화경』, 17b04~07.
97) 『법화경』, 17b07.

復經少時父知子意漸已通泰. 第三段其心轉曠. 懷大之機顯. 自下會諸親族. 名之為兒. 斯則為說法華經也.

**〈어느 성 중에서〉.**[98] 예전에 2만억 부처의 처소에서 교화를 받았지만 교화의 공덕이 아직 충분하지 않았다. 결국 **나(아버지)를 버리고 도망가**[99] 3계를 떠돌았던 것이다.

於某城中. 於昔二萬億佛所已受化. 化功未淳. 遂捨吾逃逝. 遁三界也.

**〈잘못된 길을 떠돌며〉.**[100] 5도를 표류하며 **괴로움**을 모두 겪었다.

跉跰. 飄流五道. 備嘗苦辛.

**〈저절로 이르렀다〉.**[101] 이상의 세 단계는 무상의 보배가 저절로 이르게 된 까닭을 해석한다. 이 부분에서 의미가 분명하다.

自然而至. 上三段. 釋所以無上之寶者自然至. 義顯此也.

**〈큰 부자인 장자는 곧 여래이며〉.**[102] 여기부터 3차례(의 내용)은 위의 3가지 비유에 합치한다. 이것은 1번째 비유인 아버지와 아들의 의미에 합치한다.

大富長者則是如來. 自下三番. 合上三譬. 此合第一譬父子義.

98) 『법화경』, 17b11.
99) 『법화경』, 17b11. 경문은 捨吾逃走.
100) 『법화경』, 17b11. 경문은 伶俜辛苦五十餘年.
101) 『법화경』, 17b17.
102) 『법화경』, 17b18.

**〈3가지 괴로움 때문에〉.**[103] 부처가 설법한 3가지 형태의 받아들임[三受]을 근거로 **3가지 괴로움**이라고 했다. 괴로움이 극심함을 고고(苦苦)라고 한다. 변화의 과(果)로서 받는 (괴로움을) 괴고(壞苦)라고 한다. 괴로움도 아니고 즐거움도 아니며 순간순간을 넘기면서 그 목숨이 다해가는 것을 행고(行苦)라고 한다. 여기서 **3가지 괴로움 때문에**라고 말한 것은 곧 3가지 형태의 받아들임 때문에라는 것이다. 왜냐하면 괴롭다는 형태의 받아들임[苦受]은 아프고 절박해서 마음[情]을 비뚤어지게 하여 화[瞋]를 일으킨다. 따르던 옛 것은 애착[愛]을 일으킨다. 괴롭지도 즐겁지도 않고 그저 멍한 상태는 어리석음[癡]을 일으킨다. 이 3가지 형태의 받아들임으로 말미암아 3가지 선하지 못한 근기[三不善根]가 발생한다. 3가지 선하지 못한 근기가 감응하면 여러 번뇌[使]를 발생시킨다. 여러 번뇌[使]가 매우 왕성해서 신업과 구업을 짓고, 업(業)과 번뇌[使]가 서로 주고받으며 미래의 과보를 불러온다. 때문에 **3가지 괴로움 때문에 여러 가지 극심한 괴로움[惱]을 받았다**라고 말했다. **생사**[104] 때문에 괴로워했었지만 곧 익숙해져 극복하지 못했음을 **미혹하고 무지해서 소승법[小法]에 집착하며 기뻐했다**[105]라고 했다. 이 부분부터는 바로 교화를 등지고 살아왔던 일에 합치한다.

以三苦故. 佛說三受. 以為三苦. 苦劇說為苦苦. 果變酸. 說為壞苦. 非苦非樂. 念念遷. 其命過. 說為行苦. 今言以三苦故者. 即以三受也. 何者. 苦受楚切. 乖情起瞋. 適故起愛. 不苦不樂.

103) 『법화경』, 17b19.
104) 『법화경』, 17b20.
105) 『법화경』, 17b20.

恬恬起癡. 由斯三受. 興三不善根. 三不善根既感. 發動諸使. 諸使紛熾. 作身口業. 業使相與. 招未來報. 故言以三苦受諸熱惱. 既為生死所惱. 則所習非勝. 為迷惑無知. 樂著小法. 自此即合背化流通之事也.

**〈오늘 세존은 우리들로 하여금 사유하여 빨리 제거하도록〉.**[106] 2번째 비유인 3승의 가르침을 말한 것과 합치한다.

**今日世尊令我等思惟蠲除. 合第二譬. 為說三乘教也.**

**〈하루 품삯〉.**[107] 소승에 스스로 만족하는 마음을 폄하한 것이다. 이것[小乘]을 취해서 오랜 시간 쌓은 수행의 공덕은 보살의 하루에 비교될 뿐으로 매우 적고 부족하다.

**一日之價. 貶小乘自足之心. 取其曠時積行之功. 以比菩薩一日而已. 有少乏極.**

**〈이제 우리들은 세존이 불지혜에 관해 아까워하지 않는다는 것을 알았다〉.**[108] 3번째인 법화를 설법한 것에 합치한다.

**今我等方知世尊於佛智慧無所悋惜. 合第三說法花也.**

**〈게송의 말〉.**[109] 처음 2개 게송[110]은 이 품 처음의 3번(에 걸쳐

106)『법화경』, 17b21.
107)『법화경』, 17b22.
108)『법화경』, 17c03. 경문은 無所悋惜.
109)『법화경』, 17c10.

환희한 내용)을 낭송한다. 다음의 2개 게송[111)]은 1번째 비유를 낭송한다.

偈言初二偈. 頌品始三番. 次兩偈. 頌第一譬.

**〈아들[之]을 찾다가 이미 지쳐〉.**[112)] 이하 32개 게송[113)]은 2번째 비유를 낭송한 것이다.

求之既疲. 自下卅二偈. 頌第二譬也.

**〈출납부에 기록하며 보물을 계산하고〉**[114)]란 3승의 설법을 가리킨다. 보살에게 수기한 기록을 **출납부**라고 했다.

注記券疏筭計寶物者. 謂說三乘法. 授菩薩記. 謂券疏也.

**〈쉴 자리를 따뜻하게〉.**[115)] 열반[泥洹]에서는 즐거움이 충분하지 않음이 없다는 것을 비유한다.

薦席厚暖. 譬泥洹中樂. 無不厚足.

**〈초암에 머물며〉.**[116)] (아들은) 대승의 문 밖에 지은 소승의 **암자에 머물렀던** 것이다.

---

110) 『법화경』, 17c11~13. 경문의 我等今日~不求自得.
111) 『법화경』, 17c13~16. 경문의 譬如童子~四方推求.
112) 『법화경』, 17c16.
113) 『법화경』, 17c16~18b01. 경문의 求之既疲~我無此物.
114) 『법화경』, 18a04~05. 경문의 或有計算 金銀寶物 出內財產 注記券疏.
115) 『법화경』, 18a25. 경문은 薦席厚煖.
116) 『법화경』, 18a29.

止宿草菴. 作大乘門外. 宿小乘菴也.

**〈아버지는 아들의 마음이 점점 넓어지는 것을 알고〉.**[117] 이하 7개 게송은[118] 3번째 비유를 낭송한다.

父知子心漸已曠大. 自下七偈. 頌第三譬.

**〈부처 또한 이와 같이〉.**[119] 이하는 요점을 간략히 하며 속뜻을 낭송하는데, 전혀 맡을 준비가 안 됐지만 임시로 이렇게 해야 한다는 것이다.

佛亦如是. 自下領略頌內義. 殊不委備. 臨時宜之.

**〈모두 다 텅 비고 고요하여〉.**[120] **기쁨이 없었던**[121] 까닭을 밝힌다. 대체적인 의미는 모든 법의 본성은 공(空)하므로 궁구하기가 어려웠으며, 궁구해야만 곧 불도를 성취하는 것인데 (그렇지 못해서) **기쁘지 않았다**는 것이다.

悉皆空寂. 明所以無欣樂. 大意以諸法性空. 難可窮究. 窮究乃得成佛. 以是不欣也.

---

117) 『법화경』, 18b01.

118) 『법화경』, 18b01~10. 경문의 父知子心~得未曾有.

119) 『법화경』, 18b11.

120) 『법화경』, 18b27.

121) 『법화경』, 18b26. 경문은 都無欣樂.

# 묘법연화경소 하권

# 妙法蓮華經疏卷下

# 5. 약초유품(藥草喩品)

4대 성문[1]은 이미 첫 비유[2]에서 깨달았고, 다음으로 스스로 신해[3]를 말함으로써 깨달음을 나타냈다. 깨달음은 분명했고 바르게 살펴서 성인[聖]이 먼저 3승[三]을 말하고 나중에 1승[一]을 말한 뜻을 깊이 이해했다. 이미 성인이 이룬 취지는 이해했으며, 이 품에서는 부처가 그 말이 옳다는 것을 밝힘으로써 그 의미를 완성시킨다. 때문에 **훌륭하다[善哉]**[4]라고 칭찬하면서 그 희유함을 찬탄한다. 따라오지 못한 이를 은밀히 이끌어 가섭과 동등해 지도록 한다.

藥草喩品第五. 四大聲聞. 既悟於初譬. 次自說信解. 以表悟. 悟必是審. 深領聖說先三後一之意. 既領聖致之旨. 此品佛述可其言. 以成其義. 故讚言善哉. 歎其希有. 密牽不逮. 使行齊迦葉.

**〈약초〉**[5]란 예전에 성인의 가르침을 일찍이 받아 지녔으며, 성인의 가르침이 마음[神]을 적시면 곧 번뇌라는 병이 낫게 됨을 나타낸다. 때문에 약초에 의탁하여 품의 이름을 붙였다. 화택(火宅)부터 여기까지[6]는 법화를 비유로 설명한 것이다.

藥草者. 明其昔日曾受持於聖教. 聖教沾神. 則煩惱病愈. 故

1) 제4 신해품에 등장하는 수보리, 마하가섭, 마하가전연, 마하목건련을 가리킨다.
2) 제3 비유품의 3계화택의 비유를 가리킨다.
3) 제4 신해품을 가리킨다.
4) 『법화경』, 19a19.
5) 『법화경』, 19a18.
6) 비유품부터 약초유품까지를 가리킨다.

寄藥草. 以目品焉. 火宅至此. 是譬說法花也.

**〈진실로 말한 바와 같다〉.**[7] 여래는 지혜와 공덕으로 우선은 3승[三], 나중에는 1승[一]의 도(道)를 잘 말했다. 그리고 가섭은 앞서 비유를 들어 스스로 설명했고, 그 설명은 성인의 뜻을 얻었다. 때문에 이것을 인가하여 **진실로 말한 바와 같다**는 것이다.

誠如所言. 如來智慧功德. 能說先三後一之道. 而迦葉向引譬自說. 說得聖旨. 故印可之. 誠如所言也.

**〈여래는 또 헤아릴 수 없는 공덕이 있어서〉.**[8] 앞의 (말들의) 진실함은 대개 1승[一] 영역[方]이라는 의미에서였다. 이 단락은 곧 1승 영역의 무궁함이다. 1승 영역의 무궁한 의미는 수많은 겁(劫)을 지나도 다하지 않고, 3승[三]의 교화가 바로 1승임을 널리 성립시킨다. 다시 무슨 잘못이 있겠는가.

如來復有無量功德. 向誠實. 盖是一方之義. 斯則一方無窮. 一方無窮之義. 彌劫不盡. 廣成三化是一. 復何以過焉.

**〈여래는 일체 모든 법을 관찰하여 알며 ~ 일체 지혜의 경지〉.**[9] 일체지혜의 경지에 이른 까닭을 풀이한 것이다. 하나는 법의 현묘한 취지를 궁구함으로써였다. 둘은 중생의 마음의 작용을 앎으로써였다. 병에 맞는 치료약을 이미 알고 이것을 복용하여 틀림없이 번뇌라는

7) 『법화경』, 19a20.

8) 『법화경』, 19a21. 경문은 如來復有無量無邊阿僧祇功德.

9) 『법화경』, 19a25~27. 경문은 智地가 아니라 智慧.

근심이 사라지게 되었으며 결국 일체 지혜를 얻은 것이다.

如來觀知一切諸法至一切智地. 所釋所以至於一切智地也. 一以窮法玄趣. 二以知衆生心行. 旣知藥病相治. 服之. 必逾煩惱患滅. 終得一切智也.

**〈비유하면 3천〉.**[10] 이(理)에 어긋나면 미혹해진다. 미혹은 반드시 만 가지로 갈라진다. 되돌리면 곧 이(理)를 깨닫는다. 이(理)는 결코 둘이 아니다. 여래의 도(道)는 하나이지만 중생[物]이 어긋나서 3가지라고 한다. 3가지는 중생[物]의 마음[情]에서 나온 것이며, 이(理)는 항상 하나다. 마치 비구름은 하나여도 약초나무에서 만 가지로 나누어지는 것과 같다. 만 가지로 나누어진 것은 약초나무에서이며, 어찌 비구름이 그러겠는가. 여기서 같고 다름을 비유로 설명하며 멀리 일치를 드러낸다. 그래서 가섭이 깨달은 요지는 지극히 희유한 것이다. 3천이란 부처가 교화하는 전체 영역을 드러낸 것이다.

譬如三千. 乖理為惑. 惑必萬殊. 反則悟理. 理必無二. 如來道一. 物乖謂三. 三出物情. 理則常一. 如雲雨是一. 而藥木萬殊. 萬殊在于藥木. 豈雲雨然乎. 今為異同說譬. 遠顯一致. 而迦葉領旨. 成其希有之極. 三千者. 擧佛化一境也.

**〈산천 계곡〉.**[11] 법의 은택이 굽이굽이 적시며, 깊어도 이르지 않는 곳이 없음을 밝힌 것이다.

---

10) 『법화경』, 19a27.
11) 『법화경』, 19a28.

山川谿谷. 明法澤曲沾. 無幽而不至也.

**〈이름과 모양이 다르다〉.**[12] 물체[躰]에 따라서 다른 것이다.

名色各異. 緣躰不同也.

**〈두터운 구름이 널리 퍼져 3천을 두루 덮고〉.**[13] 구름은 법신이 되고, 비는 설법이 된다. 법신은 주밀하고, 널리 가득 찬 법음(法音)은 치우침이 없는 것이다.

密雲彌布遍覆三千. 雲為法身. 雨為說法. 法身周密. 彌滿法音. 普暢無偏也.

**〈일시에 큰 비가 골고루 내려 그 윤택함이 흡족하면〉.**[14] **일시에**란 곧 먼저냐 나중이냐가 없다는 것이다. **골고루 내려**란 빗방울은 (비를 맞는 대상의) 크고 작음을 가리지 않는다는 것이다. 4가지 동등한 법비[法雨][15]이며 이(理) 또한 이와 같다.

一時等注其澤普洽. 一時. 則無前後也. 等注. 渧無大少. 四等法雨. 理亦如之也.

**〈하나의 구름에서 내리는 비〉.**[16] **하나의 구름**에서 내린 비는 물맛

12) 『법화경』, 19a29.

13) 『법화경』, 19a29. 경문은 密雲彌布遍覆三千大千世界.

14) 『법화경』, 19b01. 경문은 一時等澍其澤普洽.

15) 자비희사(慈悲喜捨)라는 사무량심(四無量心)을 의미하는 것 같다.

16) 『법화경』, 19b04.

이 다르지 않음을 밝힌 것이다. 그들의 종성은 비록 달라도 모두 알맞게 삶을 얻도록 한다는 것이다. 하나의 비라는 예전의 교화로 그 도(道)가 싹을 틔우는 것을 **땅**[17]이라고 했다. 지금의 말씀이 그 이해가 트이도록 돕는다는 것을 **비**라고 한 것이다.

一雲所雨. 一雲之雨. 明無異味水也. 彼種性雖別. 皆稱使得生也. 一雨昔化. 發其道牙. 為地. 今說扶踈其解. 為雨也.

**〈여래도 이와 같아서 큰 구름이 일어나는 것과 같고〉.**[18] 법신이 두루 다스려서 자비의 덕택이 **구름**과 같은 것이다.

如來亦復如是. 如大雲起. 法身彌綸. 慈蔭若雲也.

**〈큰 음성으로써〉.**[19] 이(理)의 광대하고 한량없음을 **크다**라고 했다. 들어보지 못한 이가 없음을 **두루**라고 했다. 인간계와 천상계를 두루 뒤덮어 번뇌의 뜨거움을 없애는 것이다.

以大音聲. 理廣無量為大. 無不聞知為遍. 遍覆人天. 令無煩惱熱也.

**〈대중에게 이 말을 외친다. ~ 법을 듣기 위해서〉.**[20] 이(理)가 선명하게 드러남을 **외친다**라고 했다. 분명하게 그들에게 알리기 위해서 이것을 말했다. 도(道)를 천하에 널리 퍼뜨려 인연이 있으면 반드

17) 『법화경』, 19b05.

18) 『법화경』, 19b07. 경문의 如來亦復如是. 出現於世如大雲起.

19) 『법화경』, 19b07.

20) 『법화경』, 19b09~15.

시 듣게 된다는 것을 **모두 법을 듣기 위해서 마땅히 여기에 이르리라**[21]라고 한 것이다.

於大衆中而唱是言至為聽法故. 理顯灼然. 為唱. 必鍾於彼. 為語之. 道播天下. 有緣必聞. 謂皆應致此為聽聞法也.

**〈그때 셀 수 없이 많은 ~ 법을 들었다〉.**[22] 이(理)의 말로 이미 초대하여 치우침이 없는 가르침이라서 다함께 오지 않음이 없다.

爾時無數至聽法. 理說既招. 有教無類. 莫不同來.

**〈마치 저 큰 구름이〉.**[23] 속뜻을 끌어내면 위의 비유와 합치한다.

如彼大雲. 引內義牽. 譬上合.

**〈스스로는 깨닫지 못한다〉.**[24] 한 모습의 법이며, 이(理)에 다른 맛은 없다. 중생은 비록 도의 은택을 누리더라도 이유는 알지 못한다.

不自覺知. 一相之法. 理無異味. 衆生雖同沾道澤. 而莫知所以.

**〈어떤 일을 마음에 두고〉.**[25] 중생이 마음에 두는 바는 같지 않아서 혹은 계(戒)이거나 혹은 보시다. 때문에 **어떤 일을 마음에 두고**라고 말한 것이다. **생각하고**[26]와 **닦고**[27]도 그러하다.

---

21) 『법화경』, 19b15.
22) 『법화경』, 19b15~16.
23) 『법화경』, 19b21.
24) 『법화경』, 19b26.
25) 『법화경』, 19b27.

念何事. 衆生所念不同. 或戒或施. 故云念何事也. 思修亦爾.

**〈어떻게 마음에 두고〉.**[28] 3승의 마음을 위해서 단나(檀那 : 보시)를 마음에 두고, 인천(人天)의 마음을 위해서 단나를 마음에 둔다. **생각하고**[29]와 **닦고**[30]도 그러하다.

云何念. 為以三乘心. 念檀那. 為以人天心. 念檀那. 思修亦爾.

**〈어떤 법을 마음에 두고〉.**[31] 3승의 과보를 기대하면서[32] 단나(檀那 : 보시)를 마음에 두고, 인천의 과보를 기대하면서 단나를 마음에 둔다.

以何法念. 以斯三乘果. 念檀那. 以期人天報. 念檀那.

**〈어떤 법으로 어떤 법을 얻는가〉.**[33] 앞의 세 번의 말을 모두 묶어서 매듭짓는 것이다. **어떤**이란 **어떤** 선(善)이 인(因)이 되는가이다. **어떤 법을 얻는가**란 **어떤** 과보를 얻게 되는가이다. 이와 같은 인과는 모두 부처로 나아간다. 그러나 중생은 알지 못하고 각각 집착하며 다르다고 말한다. 오직 부처만 이것이 똑같이 귀결함을 잘 알고 있을

26) 『법화경』, 19b27. 경문의 思何事.
27) 『법화경』, 19b28. 경문의 修何事.
28) 『법화경』, 19b28.
29) 『법화경』, 19b28. 경문의 云何事.
30) 『법화경』, 19b28. 경문의 云何修.
31) 『법화경』, 19b28.
32) 소(疏) 본문의 斯는 期의 오기인 것 같다.
33) 『법화경』, 19b29.

뿐이다.

以何法得何法. 總結向三番語也. 以何者. 以何善為因. 得何法者. 為得何果報耶. 如此因果. 皆趣於佛. 而衆生不知. 各執謂異. 唯佛了之同歸耳.

**〈뭉게구름 자욱하여〉.**[34] 응신(應身)이 중생[物]에게 닮은 듯 친근하게 접촉해서 올라갈 수 있게 한다는 것을 깨우치고 있다.

靉靆垂布. 喻應身接物. 似若近而可階也.

**〈이것은 작은 나무라 이름 하니〉.**[35] 보살도의 뛰어남을 밝히려고 다시 나무에 비유한다. 나무란 덮어주는 은택[蔭]이 그 의미다. 대승이 아울러 베푸는 것은 마땅히 이와 같다. 7주 이하는 **작은 나무**라고 했으며, 8주 이상은 **큰 나무**[36]라고 한 것이다.

是名小樹. 欲明菩薩道勝. 更譬以樹. 樹者以蔭覆為義. 大乘兼被. 猶若此也. 七住以下. 謂之小樹. 八住以上. 謂之大樹也.

---

34) 『법화경』, 19c18.
35) 『법화경』, 20a29, 20b14.
36) 『법화경』, 20b02, 17.

# 6. 수기품(授記品)

성공하면 곧 과(果)가 따르는 것이 자연의 역수(曆數)다. 4대 성문이 먼 이전에 이미 선근[根]을 심었다는 것은 이제 **수기**[記][1]에서 드러난다. 부처가 앞서 했던 말씀은 그 설법을 완성하며, 설법은 반드시 이(理)에 합당한다. 이(理)에 합당하면 곧 역수[數]에 따라 과(果)를 불러온다. 때문에 부처에게서 **수기**[記]를 받게 된다. 이 **수기**는 법화인 것이다. 그런데 사물이나 현상은 속박[累]의 소득으로써 형성되는데, 성인은 이미 이(理)에 회합해서 곧 속박[累]이 철저하게 사라졌다. 속박[累]이 사라졌기 때문에 어찌 국토가 있을 수 있겠는가. 비록 국토는 없다고 해도 국토가 아니라는 것은 아니다. 몸도 없고 이름도 없다지만 몸과 이름이 더 뛰어나게 있다. 때문에 국토와 명호(名號)를 안다. **수기한** 의미는 중생[物]에게 호응해서 그런 것이며 이들이 자족하지 않도록 인도하기 위한 것일 뿐이다.

授記品第六. 夫功成則果遂. 自然之曆數. 四大聲聞. 既殖根遐曩. 著于今記. 佛向述成其說. 說必當理. 理當則數鍾來果. 故佛為受記. 此授記法華也. 然事象方成. 累之所得. 聖既會理. 則纖爾累亡. 累亡故豈容有國土者乎. 雖曰無土. 而無不土. 無身無名. 而身名愈有. 故知國土名號. 授記之義者. 應物而然. 引之不足耳.

1) 『법화경』, 20b25.

**〈그때 대목건련 ~ 모두 다 송구스러워 하며〉.**[2] 이 여러 사람들이 수기[記]를 찾는 까닭은 그 마음 속[內]에 오묘한 이해를 품고 있으면 이(理)에 따라 당연히 수기[記]를 얻게 된다는 것을 밝히기 위해서다. 때문에 찾게 되었을 뿐이다. 아직 깨닫지 못한 이들을 은밀하게 이끌어서 그들이 깨닫고 이해하도록 힘썼다. 이해하려는 의지가 이미 대단해졌고 수기[記]를 얻으려는 (의지)도 그렇다.

**爾時大目楗連至皆悉悚慄. 此諸人所以索記者. 明其內懷妙解. 理應得記. 故致索耳. 密牽未悟. 敦其悟解. 解意既精. 獲記亦爾.**

**〈20소겁〉.**[3] 국토에 우열이 있고, 수명에 장단이 있는 이유는 성인이 어찌 그러하겠는가, 근기[機]에 따라 모름지기 이렇게 보는 것이다. 때문에 그 차이를 보여주는 것이다.

**二十小劫. 所以國有優劣. 壽有修短者. 聖豈然耶. 機須見之. 故示其參差.**

2) 『법화경』, 20c28~29.
3) 『법화경』, 20c04, 26, 21a27, 21b16, 21c02, 03.

# 7. 화성유품(化城喩品)

**대통지승**[1]을 인용한 데는 3 가지 의미가 있다. 하나, 대통지승도 먼저 3승을, 나중에 1승의 가르침을 설법했으므로 지금의 설법이 증명된다. 둘, 500제자와 여러 대중들은 예전에 이미 지승불이 있는 곳에서 석가에게 교화를 받았다. 석가에게 교화 받았다는 사실은 분명히 지금 깨달음을 이루도록 돕기 위해 예전부터 인도했다는 것이다. 셋, 생사의 끝[2]은 까마득히 멀고, 대도는 아득하고 황폐해져서 권교로써 가립한 2승을 임시로 만든 성[化城]에 비유하기 위한 것이다.

化城喩品第七. 所以引大通智勝者. 有三意. 一以大通智勝. 亦說先三後一之教. 證成今說. 二以五百弟子及諸大衆. 昔已曾於智勝佛所. 受化於釋迦. 釋迦事須引古助成今悟. 三以生死際阻悠遠. 大道玄曠. 權假二乘. 為化城喩也.

**〈그 부처 멸도한 지 매우 오래이며〉.**[3] **부처의 멸도가 오래되었다**고 말한 까닭은 멀리 석가가 아주 옛날을 **마치 오늘의 일처럼**[4] 살핀다는 것을 표현함으로써 지금 말한 이(理)가 이름 그대로 마땅함을 증명하기 위해서다.

彼佛滅度已來甚大久遠. 所以云佛滅度久者. 遠表釋迦鑒上

1) 『법화경』, 22a20.
2) 소(疏) 주석에 阻疑限.
3) 『법화경』, 22a23.
4) 『법화경』, 22b03.

古. 猶念今日. 以證今說理名當也.

**〈이제 막 보리를 얻으려 했지만 모든 부처의 법이 앞에 나타나지 않으므로〉.**[5] **10소겁 동안 불법이 역시 앞에 나타나지 않았다**[6]고 한 까닭은 지극한 이(理)는 아득하고 멀어서 가볍게 이루기가 어려움을 밝힌 것이다. 또 대통의 의지와 기백이 올곧고 굳건하여 마음[心]이 막힐 리는 없었지만, 중생[物]이 이와 같이 간절한 기대를 하도록 격려하는 것일 뿐이다.

垂得菩提而諸佛法不現在前. 所以言十小劫佛法猶不現前者. 明至理玄遠. 難可攣尅. 亦表大通志氣貞固. 心不可阻. 厲物如此. 生其企慕耳.

**〈범왕이 꽃비를 내리는데〉.**[7] 인간과 천인이 서로 어울리며, 받들고 베풂이 많다는 것은 지극한 덕이 위중하여 이(理)가 하늘에 감응했음을 나타낸다. 범왕은 중생의 임금[主]이지만 오히려 귀의하며 숭배하는데 하물며 나머지들은 어떻겠는가.

梵王雨華. 所以人天交萃. 設供如林者. 明至德威重. 理感天. 梵工是眾生之主. 尚來歸崇者. 況復餘乎.

---

5) 『법화경』, 22b20. 경문은 垂得阿耨多羅三藐三菩提. 而諸佛法不現在前.

6) 『법화경』, 22b22~23. 경문은 如是一小劫乃至十小劫. 結加趺坐身心不動. 而諸佛法猶不在前.(이와 같이 1소겁에서 10소겁 동안 가부좌를 틀고 앉아 몸과 마음을 움직이지 않았지만 역시 부처의 법이 아직 나타나지 않았다.)

7) 『법화경』, 22b26. 경문은 時諸梵天王. 雨眾天華.

**〈16명의 아들이 있었다〉.**[8] 예전의 인연을 여기에서 인용하고 있는 것이다.

有十六子. 引昔之緣. 事在此也.

**〈그때 동방의 ~ 광명이 비추는데〉.**[9] 먼저, 빠짐없이 비춘다고 한 까닭은 도(道)가 살피지 않음이 없음을 나타내기 위해서다. **시방의 범천이 멀리서 이 현상[相]을 찾아간 것**[10]은 감응이 있으면 반드시 도달한다는 것을 보여준다. 어찌 먼 것을 근심하겠는가. **광명 현상을 알지 못한 것**[11]은 이(理)가 생각[情]의 밖으로 뛰어넘은 것임을 나타낸다. **궁전을 바친 것**[12]은 망극한 마음[心]을 표현한 것이다. **깊은 선정의 즐거움을 버리고 멀리서 부처를 찾아온 것**[13]은 마음[情]은 묘법에 있기 때문에 법륜을 굴려줄 것을 요청하기 위해서다.

爾時東方至光明照耀. 所以先照無遺者. 明道無不鑒. 十方梵天遠尋相者. 明有感必至. 何患遠乎. 不知光明相者. 明理踰情外. 又奉宮殿者. 表罔極之心. 捨深禪樂遠覲佛者. 以情存妙法. 故請轉法輪也.

---

8) 『법화경』, 22c04.

9) 『법화경』, 23a17~18.

10) 『법화경』, 23a27~28. 경문은 爾時五百萬億國土諸梵天王. 與宮殿俱. 各以衣裓盛諸天華. 共詣西方推尋是相.(그 때 5백만억 국토의 여러 범천왕들이 궁전과 하늘꽃을 가득 담은 그릇을 가지고 서방으로 가서 이 상서를 함께 찾아갔다.)

11) 『법화경』, 23a19~20. 경문은 今者宮殿光明. 昔所未有. 以何因緣而現此相.(지금 이 궁전에 비치는 광명은 옛날에 일찍이 없던 것이다. 무슨 인연으로 이런 상서가 나타나는가?)

12) 『법화경』, 23b06. 경문은 各以宮殿奉上彼佛.

13) 『법화경』, 23b13~14. 경문의 我等所從來 五百萬億國 捨深禪定樂 為供養佛故.

**〈3전12행(三轉十二行)〉.**[14] 예전의 일을 지금과 비교한 의미가 여기서 나타난다. 대통지승은 예전에 모든 범왕을 위해 3승의 가르침을 말했다. 또 16왕자를 위해 법화경을 말했다. 가장 어린 왕자가 석가모니[釋迦文]였다는 것은 이미 그 당시 사람들을 위해 일찍이 이 법을 설법했다는 것이다. 지금은 이미 등극하고서 예전의 교화를 되살리려고 다시 먼저 3승을, 나중에 1승의 도(道)를 설법한다. **3전**이란 첫째, 부처가 구린(拘隣)[15]에게 말해준 것이다. 즉 몸은 바로 고(苦)이다. 너는 마땅히 이것을 알아야 한다. 그러면 안(眼:봄)·지(知:앎)·명(明:이해)·각(覺:깨침)의 4행을 얻어 미지근(未知根)을 성취한다는 것이다. 둘째, 다섯 비구[五人]들에게 말해준 것이다. 즉 너희들은 이미 고(苦)를 알았다. 또한 안·지·명·각의 4행을 얻어 이지근(已知根)을 성취했다는 것이다. 셋째, 다섯 비구들에게 말해준 것이다. 즉 너희들은 이미 고(苦)를 알았으며 다시 알아야 할 것은 없다. 또한 안·지·명·각의 4행을 얻어 무지근(無知根)을 성취했다는 것이다. 1가지에 대해 4행을 3번에 걸쳐서[三轉] 알려주기 때문에 **12행**이 있게 된다. 이와 같이 고제[苦]를 아직 모르면 마땅히 알아야 하고, 집제[集][16]을 아직 모르면 마땅히 알아야 하며, 멸제[滅]를 아직 모르면 마땅히 알아야 하고, 도제[道]를 아직 모르면 마땅히 알아야 한다. 이렇게 하나의 제(諦) 안에 안·지·명·각의 4행이 있고, 1가지에 대한 말씀은 4제에 통하므로 16행이 있게 된다. 3번에 걸쳐 깨우쳐

---

14) 『법화경』, 25a02.

15) (산)Kauṇḍinya의 음역. 부처의 초전법륜을 들은 5비구 중 1인으로 아야교진여(阿若憍陳如)를 가리킨다.

16) 소(疏) 본문의 習은 集의 잘못인 것 같다.

주면 48행의 법륜이 있게 되는 것이다. **12행**이라는 것은 **3전**[三]을 가리켜 말한 것이며, 48행이라는 것은 4제[諦]에 따라 말한 것이다.

三轉十二行. 牽昔況今. 義顯于茲. 大通智勝. 昔為諸梵王. 說三乘教. 又為十六王子. 說法華經. 最小王子. 釋迦文者. 已為時人. 曾說此法. 今既登極. 還成昔化. 復說先三後一之道. 三轉者. 第一佛告拘隣. 身者是苦. 汝當知之. 則得眼智明覺四行. 成未知根. 第二告五人. 汝已知苦. 亦得眼智明覺四行. 成已知根. 第三告五人. 汝已知苦. 不復當知. 亦得眼智明覺四行. 成無知根. 一告四行三轉. 故有十二也. 如是未知苦當知. 未知習當知. 未知滅當知. 未知道當知. 如是一諦中. 有眼智明覺四行. 一告通四諦. 有十六行. 三告有卌八行法輪. 言十二者. 舉三告而言也. 言四十八者. 逐諦而言之.

**〈12인연〉.**[17] 4제는 명칭이 간략하지만 내용[事]이 자세하고, 12인연은 명칭이 자세하지만 내용[事]은 간략하다. 범왕과 16왕자들[其]의 근기가 이미 예리하여 단지 12인연의 생사만을 설명했어도 그들은 곧 스스로 깨달아서 틀림없이 고(苦)를 떨쳐버릴 법(法)이라는 약을 갖게 되었는데, 이를테면 도(道)에 다다른 것이다.

十二因緣四諦者. 名略而事廣. 十二因緣者. 名廣而事略. 其根既利. 但為說十二生死. 其便自領. 必有離苦法藥. 謂盡道也.

---

17) 『법화경』, 25a04. 소(疏) 본문의 十二因緣四諦者는 十二因緣. 四諦者로 구분해야할 것 같다.

〈**무명(無明)**〉.[18] 108번뇌는 사태[事]에 따르면 헤아릴 수 없이 많지만 실제로 이것은 하나의 미혹일 뿐이다. **무명**은 미혹의 통칭이다. 다시 말해 이것은 애(愛)와 취(取)에서 나타난다. 과거로 흘러가는 사태[事]에 대한 애와 취의 작용[用]과 그침[廢]을 총체적으로 명명하여 **무명**이라고 하는 것이다.

無明. 百八煩惱. 隨事無量. 實而言之. 一惑而已. 無明者. 惑之通稱. 即是現在愛取. 愛取用廢. 事謝過去. 總名無明也.

〈**행(行)**〉.[19] 신업, 구업, 의업에 의해서 현재가 이를테면 있다. 그래서 미래의 과(果)를 있게 한다. 과보를 이미 받으면 일[功]이 이루어져서 사태가 완수된다. 사태가 완수되어 지나가는 것 이것을 **행**이라고 한다. **행**이란 생사(生死)에서 떠돌아다닌다는 의미인 것이다.

行. 身口意業. 現在謂之有. 以能有來果. 果報旣謝. 則功成事遂. 事遂過去. 謂之行. 行者. 遷流生死義也.

〈**식(識)**〉.[20] **식(識)**은 지금의 몸의 시작이 된다. 즉 삶이라는 사태[事]가 오고 있는 것이다.

識. 識為今身之始. 即有來生事也.

〈**명색(名色)**〉.[21] 식(識)이 이미 씨앗이 되어서 명색을 생기게 한

18) 『법화경』, 25a05.
19) 『법화경』, 25a05.
20) 『법화경』, 25a05.
21) 『법화경』, 25a05.

다. 4음(四陰: 색온色蘊, 수온受蘊, 상온想蘊, 행온行蘊)을 **명(名)**이라 하고, 5번째 의식[五情: 식온識蘊]은 **색(色)**이라고 한다. 또한 태(胎) 중에서 흐릿한 상태로 있으며, 고락(苦樂)을 인식함이 미미하여 **명(名)**이 있을 뿐이라고도 한다.

**名色. 識既為種. 能成名色. 四陰曰名. 五情為色. 亦曰在胎茫昧. 識苦樂微. 有名而已.**

**〈6입(六入)〉.** 6정(六情 : 六根)이 싹을 틔우면 곧 6진(六塵 : 六境)과 짝을 이룬다.

**六入. 六情始萌. 便對六塵也.**

**〈촉(觸)〉.**[22] 6근[情]과 6경[塵]이 분명해지면 신식(身識)이 있게 된다. 신식이 미세하게 활동하며 3사(三事: 근根, 경境, 식識)가 화합하는데 이 화합을 **촉(觸)**이라고 한다.

**觸. 情塵既著. 便有身識. 身識細滑. 三事和合. 和合觸義也.**

**〈수(受)〉.**[23] 6근[情]과 6경[塵]이 화합하면 적절함과 그렇지 않음이 있게 되며, 이어서 3수(三受: 고수苦受, 낙수樂受, 사수捨受)가 발생하는 것이다. 受. 情塵和合. 便有適不. 次生三受也.

**〈애(愛)〉.**[24] 즐거움[樂]이라는 조건의 느낌[受]이며, 마음[意]에

22)『법화경』, 25a06.
23)『법화경』, 25a06.
24)『법화경』, 25a06.

맞아서 애(愛)라고 한다. 갈애[愛]해서 칭칭 얽히는데, 칭칭 얽힌 사람은 생사의 뿌리가 깊다. 때문에 (3수 중에서 이것만) 특별히 하나의 가지[支]로 설정한 것이다.

**愛樂. 緣受. 適意曰愛. 愛則纏綿. 纏綿者. 生死根深. 故偏立支也.**

**〈취(取)〉.**[25] 애(愛)라는 조건에 얽매여서 곧 널리 4취(四取: 욕취欲取, 견취見取, 계취戒取, 아어취我語取)가 발생한다. 취한다는 것은 생사를 잘 취한다는 것이다.

**取. 緣愛滯故. 則廣生四取. 取者. 能取生死也.**

**〈유(有)〉.**[26] 4취를 조건으로 하기 때문에 곧 3업(三業: 신업身業, 구업口業, 의업意業)을 짓는 것이다. 이것을 유라고 한다. 잘 초래한다는 (의미에서) 유인 것이다.

**有. 緣四取故. 則造三業者. 謂之有. 能招來有也.**

**〈생(生)〉.**[27] 유(有)의 3업을 조건으로 해서 싹이 트고, 애(愛)와 취(取)가 물처럼 적시면 어찌 생기지 않겠는가.

**生. 緣有三業. 萌牙. 愛取水潤. 焉得不生邪.**

---

25) 『법화경』, 25a07.
26) 『법화경』, 25a07.
27) 『법화경』, 25a07.

**〈노사(老死)〉.**[28] 이미 생겼다면 어찌 죽지 않을 수 있겠는가. 이것은 바로 갈애[愛]와 슬픔[悲]을 포괄한다. 12인연은 3세에 아울러서 갖춰진다. 다만 교화의 자취에 따라 그 명칭이 드러나거나 감춰질 뿐이다. 어떠하냐면 2가지는 과거에 있고, 8가지는 현재[卽時]에 있으며, 2가지는 미래에 있다. 만약 예전의 무명과 행으로 말미암아 이 괴로움의 상태[苦器]가 초래된 것이라면, 지금의 생각[思]에서 이것을 끊는다면 앞으로 다시는 생사가 없을 것이다. 생사는 바로 모든 재앙의 구덩이다. 두려워하지 않을 수 있겠는가. 때문에 이 양단(兩端)[29]을 제시했다. 바라건대 말의 취지를 살펴보라. 분명히 3계(三界: 욕계欲界, 색계色界, 무색계無色界)에 표류하는 것은 12연에 말미암는다. 12연[緣]이 사라진다는 것은 곧 어리석음[愚癡]은 지혜의 칼로 완전히 끊어지고, 갈애[愛]라는 물이 지혜의 불로 말라버린다는 것이다. (지혜의) 드높은 그물이 6취(六趣: 지옥, 축생, 아귀, 수라, 인간, 천상)에서 4방으로 열리며, 다시 태어남이 없음[無生]으로 인해서 이 세상[八極]으로부터 벗어난다.

**老死. 既生安得不死. 此是愛悲之宅. 十二因緣. 三世並備. 但隨化迹. 隱顯其名耳. 何者. 二在過去. 八在即時. 二在未來也. 若由昔無明行. 招此苦器者. 今思斷之. 當來方無復生死. 生死是眾禍之宅. 可不畏哉. 故示此兩端. 庶尋言旨. 然三界飄流. 由**

---

28) 『법화경』, 25a07.

29) 12연기의 순관順觀과 역관逆觀을 의미하는 것 같다. 『법화경』의 해당 부분(25a04~12)에서 12연기의 순관과 역관을 서술하고 있기 때문이다. 무명에서부터 노사가 발생하는 과정과 무명의 소멸에 따라 노사가 소멸하는 과정을 발생과 소멸이라는 2가지 극단이라는 뜻에서 양단으로 표현한 것 같다.

十二緣. 緣若滅者. 則愚癡絕命於慧刀. 愛水燋乾於智火. 高羅四開於六趣. 無生超逸於八極矣.

**〈16명의 왕자는 어려서부터 출가하여〉.**[30] 앞서 2승의 가르침을 설법했다. 이제 왕자들을 위해서 법화를 설법한다.

十六王子童子出家. 向說二乘之教. 今為王子. 說法華也.

**〈그 부처는 사미들의 간청을 받고 2만겁이 지나서〉.**[31] 이(理)가 깊고 도(道)는 멀어서 반드시 자세히 살펴야 함을 밝힌다. 또 중생[物]이 흠앙하도록 하는 것이다.

彼佛受沙彌請過二萬劫已. 明理深道遠. 要須詳審. 亦使物欽仰也.

**〈곧 고요한 방에 들어가〉.**[32] 사미의 덕(德)을 드러내려는 것이다.

即入靜室. 欲顯沙彌德也.

**〈비유하면, 5백 유순의〉.**[33] 비슷하게나마 느끼고 얕게라도 알게 한 이후에 예전에 설법한 3승의 가르침[三教]은 1승[一]을 나타내기 위한 것임을 입증하려고 채택한 (비유)다. 중생[物]은 단지 3승[三]을 보존하려고 한다. 이 때문에 다시 예전의 인연을 빗대어 화성(化城)

30) 『법화경』, 25a18. 경문은 十六王子. 皆以童子出家而為沙彌.

31) 『법화경』, 25a27.

32) 『법화경』, 25b05.

33) 『법화경』, 25c26.

의 비유를 만든다. 비유는 2승은 사실이 아니며 결국 하나의 도(道)로 돌아감을 설명한다. 하나의 도는 미혹 때문에 얻기가 매우 어렵다고 할 수 있다. 그런데 3계가 질퍽하고 울퉁불퉁해서 2승의 길은 위험하다. 이 5백(유순의 길)은 보살의 중요한 길이며 통과하기는 매우 어렵다.

譬如五百由旬. 近情淺識之後. 取證昔說三教. 以表一. 物求旨保三. 為是復引曩緣. 作化城喻. 喻者. 明二乘非實. 終歸一道. 一道者. 為惑所得. 可謂艱難. 然三界塗岨. 二乘路險. 此五百是菩薩要道. 實難過矣.

**〈황폐하고 끊어져 인적 없는 두렵고 무서운 곳을〉.**[34] 5백(유순)은 매우 멀다는 것을 나타내며, 때문에 **황폐하고 끊어진** 것이다. 뜻을 자신의 깨달음[獨悟]에 두는 것을 **인적이 없는**이라고 했다. 오래도록 힘들게 고통을 감수하면서 어디서든[無方] 피해가 닥쳐오는 것을 **두렵고 무서운 곳**이라고 한 것이다.

曠絕無人怖畏之處. 五百懸遠. 為曠絕. 志在獨悟. 無人久受勤苦. 來害無方. 為怖畏之處也.

**〈많은 대중들이 이 길을 지나서 진귀한 보물이 있는 곳으로 가려고 하는데〉.**[35] 큰 깨달음의 몫이 (중생들에게) 출발하도록 함을 **험한 길**[36]**을 지나려고**라고 했다. 지나려는 (사람이) 적지 않아서 이것을

34) 『법화경』, 25c26.
35) 『법화경』, 25c27.
36) 『법화경』, 25c28. 此道가 곧 險道다. 다만 험도란 표현이 뒤에 나온다.

**많은 대중**이라고 한다. 통과하면 곧 얻지 못할 즐거움이 없다는 것을 **진귀한 보물이 있는 곳**이라고 한 것이다.

若有多眾欲過此道至寶處. 大悟分發. 為欲過嶮道. 欲過不少. 謂之多眾. 過則無樂不得. 為珍寶所也.

**〈한 도사가 있었으며 ~ 이 어려운 길을 통과하려고 했다〉.**[37] 이(理)에 맞음을 곧 **뚫리고**[38](라고 했으며), 이것[理]에 어긋남을 **막힌**[39]이라고 했다. 이 양상[相]을 잘 아는 것은 한 사람 뿐이다. 대중이 뚫린 곳으로 나아가도록 가르치므로 **거느려서 인도하는**[40] 책임자[主]가 되는 것이다.

有一導師至欲過此難. 會理則通. 乖之為塞. 善知此相. 一人而已. 教眾從通. 為將道之主也.

**〈거느린 사람들이 도중에 게으르고 피로하여 ~ 되돌아가고 싶다〉.**[41] 그들은 향하는 곳이 분명히 부처의 길에서 먼 것 같다고 헷갈린다. 오래도록 힘들게 고통을 감수하다가 생사의 고통이 위급하여 소승의 즐거움으로 교체하며, 나아가 곧 이것[小乘]을 좋아하게 되는 것을 **게으르고 피로하여**라고 했을 뿐이다. 비록 이러한 미혹이 있더라도 끝내 본래의 이해를 잃지는 않았음을 **돌아가고 싶다**라고 한

37) 『법화경』, 25c28~29.
38) 『법화경』, 25c28.
39) 『법화경』, 25c28.
40) 『법화경』, 25c29. 경문은 將導.
41) 『법화경』, 25c29~26a02.

것이다. 도사의 법을 물리치는데 이는 곧 도사에게서 구했지만 도사로부터는 평온이 없었다는 의미에서 이와 같이 **말씀드린**[42] 것이다.

所將人衆中路懈退至欲退還. 迷其趣. 必佛道遠. 久受勤苦. 生死苦急. 小乘樂交. 而便樂之. 為懈退耳. 雖有此惑. 終不失本解. 為欲退也. 退於師法. 是則于師而於師無隱. 義白如此也.

**〈도사는 여러 방편이 많았다. ~ 하나의 성을 변화시켜 만들고〉.**[43] 이미 구했지만 평온이 없어서 도사를 떠나겠다고 아뢰게 되자 도사는 곧 그 말에 따라 그들이 가엽다는 것을 자비로써 알게 된다. 곧 방편으로 2승의 교화를 만들어 열반[泥洹]을 얻을 수 있다고 말한다. **성**이 본래 그릇됨을 방비하듯이 오직 열반[泥洹]에서만 재앙이 없는데 이것을 비유하여 (성이라고) 이름붙였다. 방편[權]으로써 나타냈으며 진짜가 아님을 **변화시켜 만들다**라고 했을 뿐이다.

道師多諸方便至化作一城. 既于無隱. 放師為白. 師則從白. 得知慈. 其可愍也. 即以方便. 作二乘化. 言得泥洹. 城本防非. 唯泥洹無患. 譬之名焉. 權示非實. 為化作耳.

**〈여러 사람들에게 말했다. ~ 기꺼이 안온할 수 있다〉.**[44] 2승이라는 교화의 취지다. 임시적인 말로 이렇게 말한 것이다.

告衆人言至快得安隱. 二乘化旨. 假辭云爾.

42) 『법화경』, 26a01.
43) 『법화경』, 26a02~05.
44) 『법화경』, 26a05~07.

**〈만약 보물 있는 곳에 가려고 한다면 또한 뜻대로 할 수 있다〉.**[45] 2승의 가르침의 취지는 그들이 부처가 되도록 하는 것이지만 이를 드러내지는 않는다. 역시 임시적인 말로써 보여주는 것이다.

若能至寶所. 亦可隨意. 二乘教旨. 令其得佛. 而不顯之. 亦假辭示也.

**〈그래서 사람들은 ~ 안온하다는 생각을 했다〉.**[46] 행진한 성과로서 스스로 열반[泥洹]이라고 생각했다는 의미다.

於是眾人至生安隱想. 行進成果. 自謂泥洹之義也.

**〈그 때 도사는 이 사람들을 알고 ~ 멈춰 쉬게 하려고〉.**[47] 또 열반[泥洹]을 얻었다고 생각하도록 **멈추게** 했고, 마땅히 더 나아가도록 **쉬게** 한 것이다. 이미 이렇게 되었음을 알고서 3승[三]이 1승[一]이라는 말하는 것을 **변화로 만든 성을 없애고서**[48] 임시적인 말로 그랬을 뿐이라고[49] 한 것이다.

爾時導師知此人眾至為止息. 且謂得泥洹為止. 於當進為息. 既知如此. 說三是一. 為滅化城. 而假辭云爾耳.

---

45) 『법화경』, 26a07. 경문은 若能前至寶所亦可得去.
46) 『법화경』, 26a09~10.
47) 『법화경』, 26a10~13.
48) 『법화경』, 26a11.
49) 『법화경』, 26a12~13.

# 8. 오백제자(五百弟子) 수기품(受記品)

(여러 제자들은) 부처의 가르침[聖敎]을 널리 잘 알리며[對揚] 그 자취에 영향을 받지만, 이것이 방편[權]이 아닌 것은 아니다. 이 여러 군자[1]들은 세 번(의 설법[2]을) 듣고서 바야흐로 깨달았다. 자취가 (그들에게) 먼저 이해된[達] 것이 아니었기 때문에 나중에[3] **수기[記]**[4]를 받는다. 나중에 **수기[記]**를 받는 사람은 실로 둔기(鈍器 : 鈍機)와 같다. 이제 (이 품에서는) 그 방편[權]을 드러낸 것이며, 도(道)가 둔한 것이 아님은 분명하다.

**五百弟子受記品第八. 夫能對揚聖教. 影響其迹. 靡不是權. 此諸君子. 三聞方悟. 迹非先達. 故在後受記. 後受記者. 似真鈍器. 今既顯其權. 道非鈍明矣.**

**〈이 지혜를 듣고〉.**[5] **방편품**부터 **신해품**까지[6]를 말한다.

**聞是智慧. 謂方便品. 至信解也.**

---

1) 이 품의 500제자를 가리킨다. 다음의 수학무학인기품에서 수기를 받는 아난과 라후라 등 2,000 명의 성문도 아울러 통칭하는 것으로도 이해할 수 있다.

2) 방편품, 비유품, 화성유품의 설법을 가리키는 것 같다. 뒤의 10. 법사품에 관한 소(疏) 첫 부분에서 3번의 설법이란 이 3품의 설법이라고 설명하고 있다.

3) 앞의 비유품에서 사리불, 수기품에서 마하가섭 등 4대성문이 먼저 수기를 받았고, 이에 비해 상대적으로 나중이라는 의미일 것이다. 오백제자수기품과 수학무학인기품에서 수기를 받는다.

4) 『법화경』, 27b16.

5) 『법화경』, 27b17.

6) 2. 방편품, 3. 비유품, 4. 신해품 등 3품을 가리킨다.

**〈신통한 힘〉.**[7] 대지승(大智勝[8])의 일을 마치 오늘 있었던 일처럼 본다.

神通之力. 見大智勝事. 由若今日也.

**〈말로 다 할 수가 없다〉.**[9] 이미 오묘한 이해를 품고 있다는 말이다. 이해는 부처로부터 이루었고, 공(功)은 부처로 말미암아 이룬다. 때문에 **부처의 공덕에 대해 말로 다 할 수가 없다**[10]고 한다. 부처가 그 행적을 드러내어 소승이 아니라고 밝혀주기를 은밀히 바란다. 때문에 **오직 부처만이 우리들의 깊은 마음을 잘 알 뿐이다**[11]고 말한다.

言不能宣. 謂己所懷妙解. 解從佛來成. 成功由佛. 故云於佛功德言不能宣. 密欲令佛顯其行迹. 明非小乘. 故言唯佛能知我等深心耳.

**〈비유하면 어떤 사람이〉.**[12] 500나한의 깨달음의 시기는 나중이어서 기쁘면서도 슬퍼하며 자책한다. 자책은 깊었지만 기쁨도 얕지는 않았다. 여래의 드러난 설법은 말씀이 비록 고정적이지[方] 않더라도 이(理)에 다른 귀결은 없다. 그러나 500인은 말씀에 어긋나고 취지를 상실해서 지극한 잘못이 있다. 그래서 스스로 비유를 들어 이 생각[意]을 펼친다.

---

7) 『법화경』, 27b20.
8) 『법화경』, 제7 화성유품에 등장하는 대통지승여래(大通智勝如來)를 가리킨다.
9) 『법화경』, 27b25.
10) 『법화경』, 27b25.
11) 『법화경』, 27b25. 경문은 唯佛世尊能知我等深心本願.
12) 『법화경』, 29a06.

譬如有人. 五百羅漢. 機悟在後. 欣慨自責. 自責既深. 喜亦不淺. 如來著說. 言雖無方. 理無異歸. 而五百人乖言失旨. 有過之極. 故自引譬. 以申斯意也.

**〈친구의 집에 찾아가〉.**[13] **친구**는 16명의 왕자다. 집은 큰 가르침[大敎]이라는 집을 말한다. 500인은 똑같이 원래 예전에 비록 들었지만 자질은 흰 실이라서 별도로 물들어갔었다는 것이 **친구의 집에 찾아간다**는 의미다.

至親友家. 友者. 十六王子. 家者. 謂大教之舍. 五百人等. 原昔雖聞. 質是素糸. 有分趣染義. 至友家也.

**〈술에 취해 누웠는데〉.**[14] 친구의 훈계하는 말의 의미는 본질은 충실하지만 모두 없어졌다. 아직 (부처의) 말씀을 잊지는 못하더라도 미혹한 생각으로 바뀐다. 미혹한 생각으로 욕망[情]이 활활 타올라 5욕(欲)의 생사에 취해 마치 **취해서 누운** 것과 같다.

醉酒而臥. 友訓辭義. 本充具乏. 未能忘言. 更以惑意. 惑意情熾. 醉於五欲生死. 若醉臥也.

**〈그때 친구는 볼 일이 있어 나가야 했다. ~ 이것(보배구슬)을 넣어두고 갔지만〉.**[15] 비록 혼미하다고는 해도 처음에는 어찌 미묘한 이해가 없었겠는가. 그 이해는 진실로 미묘해서 큰 깨달음이 따라서

13) 『법화경』, 29a06.

14) 『법화경』, 29a06.

15) 『법화경』, 29a06~08.

일어난다. 과(果)에 대해서 인(因)이라고 부르며, 이것을 **값을 매길 수 없는**[16]이라고 한 것이다. 미혹이 이것을 가리고 있기 때문에 마치 옷 속에 들어있는 것과 같다. 친구에게서 왔으므로 곧 친구가 **넣어두다**라고 했다. 이(理)는 결코 사라지지 않는다. 또 친구가 **매어놓은**[17] 것은 은밀하게 **매어놓은** 것이었지만 차이는 없으며, 본다면 지나치지 못한다. 대승의 말의 취지가 감춰져 있고, 말의 취지에 어두운 것을 **알지 못하고**[18]라고 했다. 결국에는 교화할 수 있지만 교화의 감응이 잠시 없는 것을 **볼 일이 있어서 나가야 했다**라고 했다.

是時親友官事當行至與之而去. 雖曰昏惑. 始寧無微解. 其解誠微. 大悟從起. 以果名因. 謂之無價. 為惑蔽之. 如在內衣裏. 由友而來. 則為友與. 理固無失. 亦友所繫. 密繫無差. 視莫過焉. 大乘言旨潛己. 己昧言旨. 為不覺知. 末後可化. 化感蹔亡. 為官事當行也.

**〈잠에서 깨어 돌아다니다가 ~ 곧 그것으로 만족했다〉.**[19] 예전의 이해가 인연으로 작용해 미혹에서 돌이켜 잠에서 **깨어나게** 된다. **깨어나서** 곧 가르침을 따른다. 그러나 따르는 바가 근본이 아니며, 이를 **돌아다니다**라고 했다. 2승의 열반[泥洹]은 원래 근본에 귀결하는 것이 아님을 **다른 나라에 이르러**[20]라고 했다. 안락함을 위해 행동하며 큰 도(道)에 어긋나게 살아서 이(理)에 (도달하기에는) 어려움이

16) 『법화경』, 29a07.
17) 『법화경』, 29a07.
18) 『법화경』, 29a08.
19) 『법화경』, 29a08~10.
20) 『법화경』, 29a08. 경문은 到於他國.

있다. 곳곳에서 얻은 안락함을 대승에 비교하면 적은 것이지만 세속에 비교하면 **만족하게 되는** 것이다.

起已遊行至便以為足. 昔解緣發. 於惑得反. 為從臥起. 起則從教. 而所從非本. 謂之遊行. 二乘泥洹. 既非歸本. 為至他國. 為樂作行. 行乖大道. 於理有艱. 所所得之. 樂比大乘則少. 比世為足也.

**〈나중에 친구가 우연히 그를 만나보고〉.**[21] 따르는 가르침은 이미 가졌지만, 여전히 아직 참여하지 못하는 옛 친구와 만난다. 이제 3가지가 1가지가 된다는 설법을 바야흐로 **보게** 되었을 뿐이다. 의도적으로 그러려던 것이 아니었음을 **우연히 만나다**라고 했다.

於後親友會遇見之. 從教. 是己所攬. 尚未與昔友相見. 今說三為一. 方為見耳. 非意欲爾. 為遇會也.

**〈이런 말을 했다. 아이고, 이 사람아! ~ 모자람이 없을 것이다〉.**[22] **내가 예전에**[23] 대통지승의 처소에서 **값을 매길 수 없는 법보를 네 마음속에 매어두었다**[24]. (500아라한은) 하나를 얻었다는 생각에서 임의로 이와 같이 얘기했다. 인(因)이 과(果)로 바뀌면서 얻지 못할 즐거움이 없는데 무엇이 **모자라**겠는가.

---

21) 『법화경』, 29a10.

22) 『법화경』, 29a11~16.

23) 『법화경』, 29a12.

24) 『법화경』, 29a13. 경문은 以無價寶珠繫汝衣裏.(값을 매길 수 없는 보주를 네 옷속에 매어두었다.)

而作是言咄哉丈夫至無所乏短. 我昔於大通智勝所. 以無價法寶. 繫汝心裏. 得一之意. 假辭如此. 以因易果. 無樂不得. 何所乏哉.

**〈이윽고 잊어버리고〉.**[25] 예전에 교화를 받을 때 미묘한 이해를 얽어맸지만, **이윽고** 교화하는 가르침[化]의 겉모습에 집착해서 혹 생각을 **잊어버리게** 된 것이다.

而尋廢忘. 昔受化時. 繫得微解. 尋著化餝. 或意為忘也.

25)『법화경』, 29a17.

# 9. 수학무학인기품(授學無學人記品)

500나한은 안으로는 덕(德)이 충실하고 밖으로는 명성[名]이 퍼져 있다. 때문에 먼저 **수기**[1]를 받았다. 이 학인[學]과 무학인[無學]은 명성과 내실[實]이 모두 얕다. 때문에 나중에 **수기**[2]를 받는다. 이 한 품[段]을 통틀어 **수기**를 주고 있을 뿐이다.

授學無學人記品第九. 五百羅漢. 德充於內. 名流於外. 故在前受記. 此學無學. 名實俱薄. 故在後授記. 通是一段授記耳.

---

1) 『법화경』, 27b16. 앞의 오백제자수기품.

2) 『법화경』, 29b22.

# 10. 법사품(法師品)

이상(의 앞 품)에 이르기까지의 세 번의 설법과 세 번의 수기(授記)는 세 가지 인(因)이 한 가지의 인(因)이 된다는 것은 서로 (3승의 인因 각각으)로써 도달한다[1]는 의미라는 것을 나타낸다. 세 번의 설법이란 하나는 **방편품**, 둘은 **비유품**, 셋은 **화성유품**이다. **신해품**은 (수보리 등 4대 성문이) 스스로 그 이해를 살핀 것이며, **약초품**에서 부처가 서술한 그 말씀은 별도의 것이 아니다. 세 번의 수기(授記)란 하나는 (비유품에서) 사리불에게 준 것, 둘은 (수기품에서) 4대 성문에게 준 것, 셋은 (오백제자수기품과 수학무학인기품에서) 500제자와 학인(學人)과 무학인(無學人)에게 준 것이다.

**法師品第十. 上來至此. 凡三說. 三授記. 明三因為一因義相以詑. 三說者. 一方便品. 二譬喻品. 三化城品也. 信解品自審其解. 藥草品佛述其說. 非別科也. 三授記者. 一授舍利弗. 二授四大聲聞. 三授五百弟子及與學無學也.**

이 품은 대체로 이 경전을 유통시키는 (일에 대해서) 설명한다. **〈법사〉**[2]란 유통시키지 못하는 이(理)가 없으면서 사람을 위하여 이 도(道)를 잘 선양하면 **법사**라고 한다. 많은 중생들[群情]을 격려하므로

1) 3승의 인(因)으로 다르더라도 결국 1승의 인(因)이며, 도달점은 같다는 의미인 것 같다.

2) 『법화경』, 30b28.

어찌 유익하지 않겠는가.

此品大明流通茲經. 法師者. 無理不通. 為人能宣揚斯道. 謂之法師. 以獎于群情. 寧不益耶.

〈**약왕을 통해서**〉.[3] **약왕을 통해서** 말한 이유는 그가 몸을 태워서 법을 유통할 수 있었기 때문에 그를 통해서 말하는 것이다.

因藥王. 所以因藥王告者. 其能燒身通法. 故因之而告也.

〈**한 게송 따라 기뻐하는**〉.[4] 적은 것을 많은 것에 비유한다. 깊은 뜻이 있다. 진심(瞋心)이 있으면 곧 중생[物]과 벌어지며, 중생과 벌어지면 도(道)가 작용할 근거가 없다. 때문에 **따라 기뻐하는** 것을 찬탄한다. **기뻐하면** 곧 법화가 유통하는 것이다.

一偈隨喜. 以少況多. 深有旨焉. 夫瞋心則與物隔. 與物隔者. 道無由行. 故歎隨喜. 喜則法華通也.

〈**슬그머니 한 사람을 위해서라도 말해준다면**〉.[5] (경전의 내용 중 이 구절) 앞에서 스스로 (『법화경』을) 받아 지니면 그 공이 이미 많다는 것을 밝혔다. 이제 한 사람을 위해서라도 말하면 곧 이것은 그 밖의 이익이라고 말한다. (말해준 사람과 듣는 사람이) 도(道)의 귀함을 아울러 입어서 공(功)의 과보가 얼마나 지극할 따름이겠는가.

---

3) 『법화경』, 30b29.

4) 『법화경』, 30c05. 경문은 聞妙法華經一偈一句. 乃至一念隨喜者.(『묘법연화경』의 한 게송이나 한 구절을 듣고 일념으로 따라 기뻐하는 이에게는)

5) 『법화경』, 30c27.

竊為一人說. 向明自受. 其功已多. 今言為一人說. 則是外益. 道貴兼被. 功報何極耳.

**〈곧 여래의 사자(使者)〉.**[6] 큰 자비의 마음[心]은 항상 법을 유통하는 일을 생각한다. 만약 사람이 법을 잘 실천한다면 곧 이는 **여래의 사자**인 것이다.

則如來使. 大慈之心. 恒以通法為懷. 若人能行法者. 便是如來使也.

**〈여래가 파견한〉.**[7] 그 이해한 바는 부처의 이해로부터 왔음을 밝힌다. 부처의 이해로부터 온 것이란 모두 여래를 이해의 바탕으로 해서 그 행적을 답습한다는 것이다. 여래는 본래 법을 유통하는 것이 일이다. 그리고 그것을 잘 하면 **여래의 일을 실행한다**[8]고 말한다.

如來所遣. 明其所解. 從佛解來. 從佛解來者. 蓋是如來以解資. 遂其行也. 如來本以通法為事. 而其能爾. 謂行如來事也.

**〈만약 어떤 악인이 착하지 못한 마음으로 ~ 그 죄는 매우 무겁다〉.**[9] 부처는 인천(人天) 중에서 뛰어나다. 질투하여 부처[之]를 욕한다면 이는 곧 사람을 욕하는 것이며 법을 욕하는 것은 아니다. 법화를 받은 사람을 만약 그 사람[之]을 욕한다면 이는 곧 사람을 욕하

6) 『법화경』, 30c28.
7) 『법화경』, 30c28.
8) 『법화경』, 30c28.
9) 『법화경』, 30c29~31a03.

고 법을 모욕하는 것이다. 사람을 욕하고 법을 모욕하면 곧 법신을 훼손한다. 법신을 훼손하는 것은 그 죄가 지극히 무겁다. 그래서 학도들을 돈독하게 하므로 어찌 (법화가) 널리 퍼지지 않겠는가.

若有惡人以不善心至其罪甚重. 佛是人天中勝. 嫉而罵之. 是則罵人. 非罵法也. 受法花人. 若罵之者. 是則罵人辱法. 罵人辱法. 則毁法身. 毁法身者. 其罪至重. 以敦學徒. 豈不弘哉.

**〈여래의 어깨에 실린 것이 되어〉.**[10] 법은 바로 부처라는 스승이다. 항상 법을 존중함으로써 법을 받아 짊어질 의무가 있다. 실제로는 법을 짊어지는 것이며 사람을 떠맡는 것이 아니다. 그러나 말씀의 자취는 사람에게 있어서 또한 이렇게 배움을 돈독하게 하는 것이다.

則為如來肩所荷擔. 法是佛師. 常尊法. 以受法而擔義. 實擔法. 非擔人也. 而言迹在人亦爾. 以敦學也.

**〈이미 설법했고, 지금도 설법하며〉.**[11] 이상에서는 사람을 가지고 법을 설명했고, 이하는 법을 가지고 사람을 설명한다. 법을 얻기가 어려워서 받아 지니는 사람을 얻기가 어렵다. 받아 지니는 사람을 얻기가 어려운 것은 역시 법을 믿고 이해하기가 어렵기 때문이다.

已說今說. 上章以人明法. 自下以法明人也. 以法難得. 受持人難得. 受持人難得者. 亦以法難信解故也.

10) 『법화경』, 31a05.
11) 『법화경』, 31b17.

**〈옷으로 덮어줄 것이다〉.**[12] 이(理)는 깊고 넓게 감싸는데, 옷으로 이것을 표현했다.

以衣覆之. 理深彌覆. 衣以表之.

**〈여래와 더불어 머물며〉.**[13] 사람이 의심을 느끼면 생각[意]이 은연중에 곧 깨어난다. 깨어나면 바로 법화의 사람과 동일해지며, 현묘한 궁극을 이미 이해하고 참여한 것이다. 이해하고 모여서 마음[心]을 더하면 곧 함께하는 곳이 된다. 함께하는 곳이란 **더불어 머문다**는 의미다.

如來共宿. 夫人情疑. 意密則寤. 寤是同法花之人. 既解參玄極. 解會加心. 則為俱處. 俱處者. 共宿義也.

**〈손으로 그 머리를 어루만진다〉.**[14] 법화를 지니는 사람은 비로소 부처의 자식으로서 지극하게 사랑을 받는다. **머리를 어루만짐**으로써 맡기는 것이다.

手摩其頭. 持法花人. 始是佛子鍾愛之至. 寄以摩頭也.

**〈비유하자면 어떤 사람이 목이 말라 물을 구하려고〉.**[15] 불도(佛道)에 대한 깨달음을 추구하며 몹시 얻고 싶어서 법화를 받아 지니는 것은 마치 **목이 말라 물을 구하는** 것과 같다. 이 비유는 법화를 받아

---

12) 『법화경』, 31b23.
13) 『법화경』, 31b23.
14) 『법화경』, 31b23.
15) 『법화경』, 31c09.

지닌 사람에게 얕고 깊은 득실이 있음을 비유한 것이다. 위에서 『**법화경**』**을 보고 듣지 못한 사람**[16]이라고 한 것은 책을 얻지 못했다는 말이 아니고, 다만 일승의 취지를 아직 깨닫지 못했음을 그렇게 말한 것일 뿐이다.

譬如有人渴乏須水. 受持法花. 求悟佛道. 欲得之至. 如渴須水. 此譬. 譬持法花人. 有淺深得失也. 上云不能得見聞法花經者. 非曰不得卷. 但未領一乘之旨. 謂之爾耳.

**〈저 높은 언덕에서 물[之]을 구하려고 우물을 파면서〉.**[17] 1승은 3승에 비해 **믿기 어렵다**[18]고 했듯이 법화에서 이해를 구하는 것은 **높은 언덕에서 물을 구하는** 것과 같다. 받아 지니며 독송하는 것을 **우물을 판다**라고 했다.

於彼高原穿鑿求之. 一乘比三乘. 為難信. 於法花求解. 如求水於高原. 受持讀誦. 為穿鑿也.

**〈마른 흙을 보고 ~ 물이 반드시 가까운 줄을 아는 것과 같다〉.**[19] 아직 현묘한 문에 자리하지 못했음은 **마른 흙을 보는** 것과 같다. 점점 깊이 이르는 것은 **진흙을 보는**[20] 것과 같다. 이미 큰 깨달음이 멀지 않았음을 아는 것은 **물이 반드시 가까운 줄을 안다**라고 했다.

---

16) 『법화경』, 31c04~05. 경문은 若不能得見聞讀誦書持供養是法華經者.(만일 이 『법화경』을 보고 듣고 읽고 외우며 받아쓰고 공양하지 않으면)

17) 『법화경』, 31c09.

18) 『법화경』, 31b18.

19) 『법화경』, 31c10~12.

20) 『법화경』, 31c11. 경문은 轉見濕土遂漸至泥.

猶見乾土至知水必近. 未都玄門. 如見乾土. 轉得深致. 如見濁泥. 已知大悟不遠. 為知水必近也.

〈**여래의 방은 대자비심이고**〉.[21] 자비는 널리 잘 덮는데, 마치 **방**이 가려주는 것과 같다. **방**은 당연히 들어간다는 말이다.

如來室者大慈心是. 慈能彌覆. 如室因蔭. 室宜言入也.

〈**여래의 옷은 인욕하는 마음이며**〉.[22] **인욕**으로 마음이 평화롭고 기뻐서 마치 **옷**으로 몸을 감싸는 것과 같다. **옷**은 당연히 입는다는 말이다.

如來衣者忍辱心是. 忍辱和悅. 如衣嚴身. 衣宜言著也.

〈**여래의 자리는 일체법의 공함이다**〉.[23] **공(空)**하면 곧 평안해지므로 **자리**에 가져다 비유했다. **자리**는 당연히 앉는다는 말이다. 이로써 중생[物]에게 베풂이 크지 않겠는가.

如來座者一切法空是. 空則容安. 取譬於座. 座宜言坐. 以之施物. 不弘乎.

21) 『법화경』, 31c25. 경문은 如來室者. 一切衆生中大慈悲心是.(여래의 방은 일체 중생 가운데 대자비심이다.)

22) 『법화경』, 31c26. 경문은 如來衣者. 柔和忍辱心是.(여래의 옷은 부드럽고 화평하고 인욕하는 마음이다.)

23) 『법화경』, 31c26.

# 11. 견보탑품(見寶塔品)

탑을 나타낸 까닭은 법화에서 설법한 이(理)가 분명히 명확하고 합당하다는 것을 증명하기 위해서다. 하나는 탑으로 증명하고, 둘은 (탑에서) 나오는 음성으로 증명한다. 중생[物]은 두 가지 일로 인해서 믿음이 넓어지고 깊어진다. 또 멀게는 극과(極果)를 표현하며, 미묘하게 상주를 나타내는 것이다.

**見寶塔品第十一. 所以現塔者. 證說法華. 理必明當. 一以塔證. 二以所出聲證. 物因二事. 信彌深至. 亦遠表極果. 微現常住也.**

**〈그 때 부처 앞에 7보의 탑이 있었으며 ~ 땅에서 솟아나 공중에 머물러 있었다〉.**[1] 사람의 마음[情]은 이(理)에 어둡기 마련이다. 신기한 일이 아니고서는 믿게 할 수가 없다. 이런 이유로 증거를 드러내려고 보탑을 나타낸다. 일[事]로써 의미를 표현한 것으로서 그렇게 나타내어 볼 수 있게 한다. 이미 3승이 하나라고 말했듯이 일체 중생은 바로 부처가 아님이 없고, 또 모두 열반[泥洹]에 든다. 열반[泥]과 부처가 처음부터 끝까지 또한 (중생과) 어찌 다르겠는가. 다만 번뇌[結使] 때문에 덮여 있으며, 탑이 혹 아래에 묻혀서 땅 때문에 감춰져 있는 것과 같다. 커다란 밝음[大明] 자체는 결국 가릴 수 없어서 반드시 솟아나온다. 탑이 땅에서 솟아 나오는 것을 막을 수 없는 것과 같다. 본래 공(空)이라는 이(理)에 있음은 탑이 공중에 머물러 있

1) 『법화경』, 32b17~18.

는 것과 같다. **훌륭하고 훌륭하다**[2)]라는 찬탄을 소리 내어 말함으로써 증명을 완성하기에 이른다. 또 **온갖 보물로 장식되어**[3)]라고 해서 멀리 극과(極果)에는 선(善)이 있지 않음이 없음을 표현한다. 이에 그 이(理)는 일[事]에 따라 그렇게 드러난다. 비록 믿지 않음을 힐난한다고 해서 어찌 이루어지겠는가.

時佛前有七寶塔至從地踊出住在空中. 夫人情昧理. 不能不以神奇致信. 欲因玆顯證. 故現寶塔. 以事表義. 使顯然可見. 既云三乘是一. 一切衆生. 莫不是佛. 亦皆泥洹. 泥與佛. 始終之間. 亦奚以異. 但為結使所覆. 如塔潛在. 或下為地所隱. 大明之分. 不可遂蔽. 必從挺出. 如塔之踊地. 不能㝵出. 本在於空理. 如塔住於空中. 發聲讃言. 善哉善哉. 以寄成證也. 又以衆寶莊校者. 遠表極果. 無善而不有. 於是其理. 從事顯然. 雖難不信. 其可得乎.

**〈또 탑 안에서 나는 음성을 듣고 ~ 전에 없던 일이라 이상해서〉.**[4)] 사부대중은 탑이 솟아난 것을 이미 보았지만 이유를 알지 못했다. 문득 일어나 몸가짐을 단정하게 바로잡고[5)] 그 뜻을 듣고 싶어 한다. (듣고 싶다는) 사정[事]은 마음[情]에 나타나 있어도 말로 하지 못한다.

又聞塔中所出音聲至怪未曾有. 四衆既見塔出. 罔知所以. 便起而立. 故容肅貌. 欽聞其旨. 事在情表. 不敢發言也.

2) 『법화경』, 32b28.
3) 『법화경』, 32b18.
4) 『법화경』, 32c02~03.
5) 소(疏) 주석에 故疑改.

**〈대요설이라는 이름의〉.**[6] 대중의 의문을 헤아려서 부처에게 아뢰어 이유를 드러내려는 의도로 등장한 것이다.

**名大樂說. 乘眾疑而白佛. 顯所以之意也.**

**〈큰 서원을 세웠다〉.**[7] 다보여래[多寶]가 예전의 서원을 헤아렸고, 더욱이 그대로 잘 했던 것은 은밀히 당시 (대중)의 마음[心]을 인도했다. 모두가 마땅히 이 불신(佛身)을 보고 싶다고 발원한다. 마땅히 형체를 보게 하는 것이 분명하게 증거를 나타내는 것이다.

**作大誓願. 多寶乘昔願. 而能爾者. 密引時心. 皆應發願欲見此佛身. 所以須覩形者. 顯證分明也.**

**〈분신인 모든 부처들을 다시 한 곳에 모은 뒤에야 내 몸이 곧 출현할 뿐이다〉.**[8] 어찌 이것이 스스로를 높이려고 그런 것이겠는가. 장차 진위를 판별하려고, 그래서 마땅히 **모을** 뿐이다. 이미 **시방에서** 교화한다고 말했다. 이는 곧 지금의 석가가 바로 진실이라는 것이다. 진실한 부처가 한 말씀이며 그 말씀은 반드시 명확하고 합당하다. 이에 대중[群]의 마음[情]은 깨달음을 더욱 독실하게 믿는다. 그래서 다보불[多寶]의 서원에 의탁하여 분신[之]들을 **모았다**.

**分身諸佛. 還集一處. 然後我身乃出現耳. 豈是自貴而然乎. 將**

6) 『법화경』, 32c05.

7) 『법화경』, 32c11.

8) 『법화경』, 32c25. 경문은 32c24~25, 彼佛分身諸佛. 在於十方世界說法. 盡還集一處. 然後我身乃出現耳.(그 부처의 분신인 시방세계에서 설법하는 모든 부처들을 다시 한 곳에 모은 뒤에야 내 몸이 출현할 뿐이다.)

欲辨於眞僞. 故須集耳. 旣云十方是化. 斯則今釋迦是眞. 眞佛所說. 說必明當. 於是群情信悟彌篤. 故託多寶之願. 以集之焉.

**〈이 때 사바세계는 곧 청정하게 변하여〉.**[9] 모든 더러움과 나쁨을 제거하고 **하늘이나 사람들을 옮기며**[10] 내지 **꽃과 향기**[11]를 퍼뜨린 까닭은 즐거움은 반드시 없어질 수 있는 것이고 선(善)은 반드시 닦을 수 있다는 것을 멀리 드러내기 위해서다.

時娑婆世界卽變淸淨. 所以除諸穢惡. 移于天人. 乃至施花香者. 遠表樂必可亡. 善必可修也.

**〈다시 2백만억 나유타의 국토를〉.**[12] 이에 **분신**[13]인 모든 부처들을 편안히 모시기 위해 곧 응당 모든 나라들을 미리 **청정하게**[14] 해서 충분하게 수용시킨다. 무엇 때문에 점점 변화시키는가. 그러한 까닭은 이(理)에 갑자기 오를 수는 없다는 것을 나타내려는 것이다. 반드시 거친 것을 연마해야 정묘함에 도달한다. 줄이고 또 줄여[15] 줄일 것이 없음에 도달하는 것이다.

更變二百萬億那由他國. 若為欲安分身諸佛. 便應預淨諸國.

---

9) 『법화경』, 33a09.

10) 『법화경』, 33a13, 33b05.

11) 『법화경』, 33a12, 33b01. 경문은 33a12 : 燒大寶香. 曼陀羅華遍布其地.(큰 보배의 향을 피우고 만다라꽃을 그 땅에 두루 덮고), 33b01 : 燒大寶香. 諸天寶華遍布其地.(큰 보배의 향을 피웠으며, 많은 하늘의 보배꽃은 그 땅을 두루 덮었다.)

12) 『법화경』, 33a21, 33b03.

13) 『법화경』, 32c25.

14) 『법화경』, 33a22, 33b04.

15) 『道德經』, 第48章.

使足容受. 何以漸漸變耶. 所以爾者. 欲表理不可頓階. 必要研麤以至精. 損之又損之. 以至於無損矣.

〈**하나의 불국토로 통일했다**〉.[16] 만 가지 인연[因]이 비록 다르다고 해도 결국 **하나의** 과보를 이루는 것이다.

通為一佛國. 以表萬因雖殊. 終成一果也.

〈**자리를 반으로 나누어**〉.[17] 자리를 반으로 나누어 함께 앉은 것은 사라지는 것이 반드시 사라지는 것은 아니고 존재하는 것이 반드시 존재하는 것은 아니라는 것을 나타내기 위해서다. 존재와 사라짐의 차이는 대중[群]의 성품에서 나온다. 어찌 성인이 그러하겠는가. 또 열반[泥洹]이 얼마 남지 않았음을 보여줘서 법(法)을 바라는 마음[情]을 절실하게 하려는 것이다.

分半座. 所以分半座共坐者. 表亡不必亡. 存不必存. 存亡之異. 出自群品. 豈聖然耶. 亦示泥洹不久相也. 使企法情切矣.

〈**신통력으로 모든 대중을 다 허공으로 끌어올려**〉.[18] 이들을 **끌어올린** 이유는 중생은 큰 깨달음을 나누어 갖고 있어서 모두 부처가 된다는 것을 밝히려고 이러한 모습을 보여줄 뿐이다.

以神通力接諸大眾皆在虛空. 所以接之者. 欲明眾生大悟之分. 皆成乎佛. 示此相耳.

---

16) 『법화경』, 33a29, 33b10.
17) 『법화경』, 33c05.
18) 『법화경』, 33c11.

# 12. 지품(持品)

앞서 이미 폭넓게 상황에 비유하며 이 경전을 지니는 것이 어렵다고 말했다. 이제 **약왕 등 여러 대사**[1]가 스스로 이 경전을 잘 지니고 나중의 악세에 이것을 유포하겠다고 서원한다.

持品第十二. 向既廣引譬況. 言持此經者. 難今藥王等諸大士自誓能持此經. 於後惡世. 流布之也.

**〈다른 국토에서〉.**[2] 이 국토의 사람들은 악(惡)해서 나한이 잘 교화할 수 없기 때문에 **다른 나라에서**라고 한 것이다. 할 수 없다고 인정하는 것이지만 어찌 실제로 그러겠는가. 이 국토(의 중생들이) 잘못을 부끄러워하도록 격려하는 말이며 자리를 도탑게 하려는 것일 뿐이다.

於異國土. 此土人惡. 非羅漢能化. 故言於他國也. 不能之肯. 豈實然乎. 欲鄙過此土. 厲言篤席耳.

---

1) 『법화경』, 35c28. 경문은 藥王菩薩摩訶薩. 及大樂說菩薩摩訶薩. 與二萬菩薩眷屬俱.

2) 『법화경』, 36a07.

# 13. 안락행품(安樂行品)

3인(因)이 1인(因)이 되는 의미의 설명은 마쳤다. 이 품 앞(의 품)에서 이미 여러 대사(大士)들은 이 경전을 유포할 것이며, 많은 성문의 무리들도 다른 나라에서 이 법을 전파하겠다고 밝혔다. 그들 중에서 질문하는데[1] 이 경전을 전하고 싶은 사람은 있지만 그 방법을 알지 못해서다. 때문에 이 품을 설정하여 그 방법을 가르친다.

**安樂行品第十三. 明三因為一因義畢. 此品向已明諸大士流布斯經. 眾聲聞輩. 亦於他國. 班宣此法. 中聞有欲傳此經者. 罔知其方. 故設此品. 教其方法.**

만약 **네 가지 법에 잘 안주한다면**[2] 곧 몸은 고요하고 정신은 안정한다. 정신이 안정하고 몸이 고요하기 때문에 곧 바깥에서 고(苦)가 침범하지[干] 못한다. 바깥에서 고(苦)가 침범하지 못하는 것을 **안락(安樂)**[3]이라고 한다. 그럴 때 잘 설법하며 싫증내지 않기 때문에 중생[物]은 그 이익을 받을 따름이다. **네 가지 법**이란 첫째는 **행처[行]에 안주하는**[4] 것이다. 둘째는 **친근처에 다니는**[5] 것이다. **친근처**는 악(惡)을 멀리하고 이(理)에 가깝도록 한다. 마음[心]이 이(理)에 머물

---

1) 소(疏) 주석에 聞疑間.
2) 『법화경』, 37a15. 경문은 當安住四法.
3) 『법화경』, 37a09.
4) 『법화경』, 37a15. 경문은 安住菩薩行處.
5) 『법화경』, 37a16, 경문은 及親近處.

면 곧 몸과 입에 허물이 없다. 몸과 입에 허물이 없는 것이 두 번째 법이다. 셋째는 **마음[心]에 질투가 없는**[6] 것이다. 넷째는 **대자비심**[7]이다. 3업이 청정해지면 자비의 마음[念]도 가득 찬다. 이것으로써 법을 펴면 또한 널리 퍼지지 않겠는가.

若能安住四法者. 則身靜神定神. 定身靜故. 則外苦不干. 外苦不干謂安樂. 則能說法無惓故. 物蒙其益耳. 四法者. 一住行. 二親近處行. 親近處者. 能遠惡近理也. 心既栖理. 則身口無過. 身口無過. 第二法也. 三者心無嫉妬. 四者大慈心也. 三業既淨. 慈念又彌. 以此宣法. 不亦弘乎.

**〈뒤에 오는 악한 세상에서 어떻게 이 경전을 설법해야 합니까?〉.**[8] 이전에는 경전을 지니기가 어렵지는 않았다. 만약 지니기가 매우 어려웠다면 곧 지식이 얕았거나 자기만족에 빠져[自崖] 있어서다. 그러므로 악세에 배우는 사람을 인도하는 방법을 묻는 것이다.

於後惡世云何能說是經. 前以經未難持. 若深難持. 則淺識自崖. 故問方法. 以引學者於惡世也.

**〈뒤에 오는 악한 세상에서 이 경전을 유통하여 설법하려면 마땅히 4법에 안주해야 한다〉.**[9] 말세에 경전을 지닐 때 비록 악(惡)이 많다고 하더라도 만약 4법에 안주하면 말세는 곧 고(苦)가 없다. 이것에

6) 『법화경』, 38b03. 경문은 無懷嫉妬諂誑之心.(질투하거나 아첨하는 마음을 품지 말고)

7) 『법화경』, 38c06.

8) 『법화경』, 37a13.

9) 『법화경』, 37a14. 경문은 通說是經이 아니라 欲說是經.

머물면 반드시 편안하며, 때문에 도(道)를 가르치는 법(法)에 **안주**하라고 말한다. 그 방식은 다음과 같다. 於惡世欲通說是經. 當安住四法. 末世持經. 雖曰多惡. 若住四法. 末世則無苦矣. 住之必安. 故言安住. 教道之法. 其方如此.

**〈첫째는 보살의 행처와 친근처에 안주하며〉.**[10] 이미 이(理)에 들어가서 이것을 이행하는 것을 **행처**라고 한다. 비록 아직 이(理)에 들어가지 않았더라도 이것에 친하고 가까운 것을 **친근처**라고 한다. 또 이것은 처음부터 끝까지 합쳐진 하나의 일이다.

**一者安住菩薩行處親近處. 已入於理而履行之. 為行處也. 雖未入理. 親而近之. 為親近處. 亦是始終. 合為一事也.**

**〈인욕지에 머물러 ~ 마음 또한 놀라지 말 것이며〉.**[11] 행처는 시작부터 끝까지 인욕이 주가 된다. **이 다섯 가지 사항**[12]은 바로 시작이다.

**住忍辱地至心亦不驚. 行處者. 始終以忍辱為主. 此五事是始也.**

**〈다시 법에 있어서 행할 바가 없어야 하며〉.**[13] 앞은 이(理)가 깃든 마음[心]의 공덕[德]을 밝혔고, 여기는 관행(觀行)의 공능[能]을 분별

10) 『법화경』, 37a15.

11) 『법화경』, 37a18.

12) 『법화경』, 37a18. 경문은 住忍辱地柔和善順而不卒暴心亦不驚이며, 이는 住忍辱地, 柔和, 善順, 而不卒暴, 心不驚의 다섯 가지 사항이다.

13) 『법화경』, 37a19.

한다. **네 가지 사항**[14]은 바로 행처의 끝이다.

又復於法無所行. 向明理心之德. 今弁觀行之能. 四事是行處終也.

**〈국왕, 왕자와 친근하지 말 것이며〉.**[15] 친근처에도 시작과 끝이 있다. 분란을 일으키는 곳에 가까이 하지 않는 것을 이(理)에 **친근하다**고 한다. 이 아래의 여러 일들은 바로 친근처[近處]의 시작이다.

不親近國王王子. 親近處亦有始終. 不近起亂之處. 為親近理. 此下諸事是近處之始.

**〈로가야타〉.**[16] 이를테면, (이들은) 세간의 논의를 깨뜨린다.

路伽耶陀. 謂破世間論義也.

**〈역로가야타〉.**[17] 이를테면, (이들은 세간의) 논의에 몹시 간절하다.

逆路伽耶陀. 謂苦切論義也.

**〈나라 등〉.**[18] 그 몸을 채색하며[19] 여러 가지로 변한다.

那羅等. 謂綵書其身. 為種種變.

---

14) 『법화경』, 37a19~20. 경문은 又復於法無所行, 而觀諸法如實相, 亦不行不分別. 이는 於法無所行, 而觀諸法如實相, 亦不行, 不分別의 네 가지 사항이다.

15) 『법화경』, 37a21.

16) 『법화경』, 37a23.

17) 『법화경』, 37a24.

18) 『법화경』, 37a25.

19) 소(疏) 주석에 書疑畫.

〈**5종 불남**〉.[20] 첫째, 생불능남(生不能男)이다. 타고난 몸[天質]이 곧바로[21] 불능일 따름이다. 둘째는 황문(黃門)이며, 기물(器物)이 작고 약하다.[22] 셋째는 반월불능남(半月不能男)이다. 한 달의 절반은 여자처럼 변한다. 넷째는 투고불능남(妬故不能男)이다. 스스로 먼저 하는 것은 불능이고, 타인의 음행을 보면 질투가 생기며 질투 때문에 가능해진다. 다섯째는 정불능남(精不能男)이다. 타인이 먼저 자기 몸에 닿으면 바야흐로 가능해지는 남자다.

五種不男. 一者生不能男. 謂天質乃庄直不能耳. 二者黃門. 器物少弱. 三者半月不能男. 謂半月變為女也. 四者妬故不能男. 謂其先不自能. 見他行欲. 即便生妬. 妬故乃能也. 五者精不能男. 謂他先觸己身. 方能男耳.

〈**일체 법이 공함을 실상 그대로 관찰하여**〉.[23] 이하의 10여 가지 사항은 그 이름이 비록 다양하더라도 그 실상은 하나로서 공할 뿐이다. 이것이 바로 관찰의 시작이며, 아직 이(理)를 깨달을 수는 없고, 친근처의 끝이 된다.

觀一切法空如實相. 自下十餘事. 其名雖多. 其實一空而已. 此是始觀未能入理. 為親近處終也.

〈**게송의 말씀**〉.[24] 이하의 게송은 자세하기도 하고 간략하기도 하

20) 『법화경』, 37b05.
21) 소(疏) 주석에 庄字原本不明.
22) 황문은 거세한 사람이나 내시를, 기물은 남자 성기를 뜻한다.
23) 『법화경』, 37b12.

며 읊지 않기도 한다. 의미에 따라서 만들 수 있는 것이다.

偈言. 自下偈頌. 或廣或略. 或亦不頌. 可隨義制之.

**〈입으로 선설하거나 혹은 경을 읽을 때 사람이나 경전의 허물을 즐겨 말하지 말라〉.**[25] 두 번째 법은 신(身)과 구(口)의 허물이 없는 것이다. 여기는 비록 신업을 말하지[道] 않더라도 게송 중에서 읊는다. 이 부분[章]에서 혹 **심업(心業)**[26]이라고 말한 것은 반드시 신(身)과 구(口)에 실수가 없어야 한다는 것일 뿐이며, 심업[心]을 설명하는 것은 아니다.

若口宣說若讀經時不樂說人及經典過. 第二法者. 無身口過. 此雖不道身業. 偈中頌也. 此章或言心業者. 以成身口必無失耳. 非是明心也.

**〈또 문수여 ~ 질투하거나 아첨하며 속이려는 마음을 품지 말고〉.**[27] 세 번째 법은 생각(意)에 질투가 없는 것이다. 이것이 비록 구업(口業)을 말하는[道] 것이더라도 마음[心]에 허물이 없도록 하는 것일 뿐이며, 구업[口]을 설명하는 것은 아니다.

又文殊至無懷嫉妬諂誑之心. 第三法者. 意無嫉妬也. 此雖道口業. 為成心無過耳. 非明口也.

---

24) 『법화경』, 37b18.

25) 『법화경』, 38a01.

26) 『법화경』, 38a04. 경문은 又亦不生怨嫌之心.(또한 원망이나 혐오의 마음을 품지 말라)

27) 『법화경』, 38b02~04.

〈**문수여 ~ 재가인이나 출가인 중에서 큰 자비의 마음을 내고**〉.[28] 네 번째 법은 **대비심**이다. 중생[物]이 받는 혜택이 **크기** 때문에 나중에 설명한다. 만약 이 4법에 잘 안주한다면 곧 겁약이 없고, 이것을 방법으로[乘] 가르침을 넓히면 그 열매가 가득할 것이다.

文殊至於在家出家人中生大慈心. 第四法. 大悲心者. 被物之大. 故在後明. 若能安此四法者. 則無怯弱. 乘斯弘教. 其實彌矣.

〈**비유하면 힘센 전륜성왕이**〉.[29] 이 비유는 법화경을 예전에는 사람에게 주지 않았지만 이제 이것을 준다는 것을 깨우쳐 준다.

譬如強力轉輪聖王. 此譬捐喻法花經. 昔不與人. 而今與之也.

28) 『법화경』, 38c04~06.
29) 『법화경』, 38c22.

# 14. 용출품(踊出品)

이 품은 수량품으로 이어지는 서품이며, 3과(果)가 1과(果)가 됨을 밝히려고 한다. 앞(의 서품)은 인(因)을 위해 설정한 서품으로 말씀에 맞춰[宜] 꽃비가 내리고 땅이 진동했다. 이 품은 과(果)를 위해 지은 서품으로 말씀에 맞춰 거대한 몸의 보살들이 땅으로부터 솟아난다. 미륵이 의문을 갖는 것은 여기서도 다르지 않다. 그 역시 상주(常住)의 취지를 드러내는 것이다.

**踊出品第十四. 此品. 壽量之胤序. 欲明三果為一果也. 前為因設序. 宜言花動地. 此品為果作序. 宜言大身菩薩從地踊出. 彌勒懷疑. 斯處不別. 彼亦顯常住之旨也.**

**〈그만 두어라, 너희들이 할 필요가 없다〉.**[1] **그만 두라**고 한 이유는 6만의 보살을 출현시키기 위해서다. 보살의 출현 때문에 (부처의) 수명이 길다는 것을 나타낼 수 있다.

**止不須汝等. 所以止者. 為出六萬菩薩. 菩薩出故. 得顯長壽致也.**

**〈내 사바세계에는 6만 항하사의 보살마하살을 가지고 있어서〉.**[2]

---

1) 『법화경』, 39c24. 경문은 止善男子. 不須汝等護持此經.(그만두어라, 선남자야. 너희들이 이 경전을 받들어 가질 필요는 없다.)

2) 『법화경』, 39c25.

성인은 가르치면서 제약하거나 장려하는데 그 깊은 뜻은 간절하지 않을 수 없다. 그래서 위에서는 법을 지키라고 권장했으면서도 이제는 **할 필요가 없다**[3]고 한 전후의 의미를 폭넓게 합친다면 모두 (적절한 의미가) 있는 것이다. 미혹한 중생을 부처와 열반[泥洹]에 이르게 할 법이 다 사라지려고 한다면 스스로 마땅히 지킬 필요가 있다. 때문에 권장하는 말을 해서 그 마음[情]을 돈독히 할 뿐이다. 그러나 중생은 모두 큰 깨달음의 몫[分]이 있어서 모두 임의적으로는[權] **보살**이 아닐 수가 없으므로 지켜지지 않는 때가 없다. 새삼스럽게 왜 타방(他方)의 여러 **보살**들을 빌리겠는가. 타방에서 빌린다면 교화의 이(理)가 부족한 것처럼 보인다. 때문에 (보살들을) 솟아나게 해서 이 뜻을 나타낸다. **6**은 6도를 말하며, **항사**는 많다는 말이고, **땅**[4]은 번뇌[結使]를 말한다. 중생의 깨달음의 몫[分]은 번뇌[結使]의 아래에 있다.

我娑婆世界自有六萬恒河沙等菩薩摩訶薩. 夫聖教抑揚. 莫能惻其深旨. 然既廣統前後意. 亦可領上勸護法. 今言不須. 皆有在也. 據衆生現惑. 致都佛泥洹. 法欲滅盡. 自應須護. 故有勸言. 以篤其情耳. 然衆生悉有大悟之分. 莫不皆是權菩薩. 無時非護. 復何假他方諸菩薩乎. 假他方者. 似化理不足. 故示踊出. 以表斯義. 六謂六道. 恒沙謂多. 地謂結使. 而衆生悟分. 在結使之下.

---

3) 『법화경』, 39c24.

4) 『법화경』, 39c28. 경문의 娑婆世界三千大千國土地.

**〈아래의 허공 중에 있으니〉.**[5] 공(空)의 이(理)에 있는 것이다. 땅이 갈라지며 (보살들이) 나온 것은 중생의 오분(悟分)은 가릴 수 없어서 반드시 번뇌[結]라는 땅을 뚫고 나와 법을 지킨다는 것을 설명한다. 미륵이 아는 사람이 하나도 없는 것은 그 깨달음의 본성은 10주에서도 발견되지 않기 때문이다. 또 솟아난 것이 부처가 아니라 보살인 것은 이 오분(悟分)은 반드시 계속 배워야만 무학(無學)에 이르는 것임을 설명한다.

下方空中住者. 在空理也. 地裂而出者. 明衆生而悟分. 不可得蔽. 必破結地. 出護法矣. 彌勒不識一人者. 以其悟性非十住所見故也. 又踊出非佛. 而是菩薩者. 明此悟分必須積學以至無學也.

**〈미륵 ~ 마음에 의혹이 생겨〉.**[6] 대중의 마음에 편승해서 의문을 가진다. 석가의 성불은 당초 가까운데 한 일이 매우 많다는 것에 대해 의문을 가지며, 대중의 의심을 해결하고 그 종극을 드러내기를 원한다. 상주(常住)의 미묘한 뜻[旨]이 점점 이렇게 나타난다.

彌勒至心生疑. 騰衆心而疑. 疑於釋迦. 成佛始爾. 而所為之事甚多. 願決衆疑. 顯其宗極. 常住微旨. 漸現斯矣.

---

5) 『법화경』, 41b20.
6) 『법화경』, 41b29~41c01.

# 15. 수량품(壽量品)

현묘한 거울은 텅 비고 밝아서 현상 영역의 바깥을 드러낸다. 어찌 구분된 형태가 있는 것이 더욱이 수명이 길거나 짧지 않을 수 있겠는가.[1] 그런데 형태가 있으면서 장수하지 않는다는 것은 군중의 미혹으로부터 나온다. 성인이 어찌 그러하겠는가. 단지 미혹한 사람이 부처는 실제로 수명이 100살이라고 말한다. 이제 이 막힘을 떨어 없앤다. 장수한다는 말을 빌어서 이 막힘[之]을 떨쳐내는 것이다. 때문에 이 품을 지칭하여 **수량**[2]이라고 이름한다. **수량**이란 곧 이상의 품들에서 힘써 나아갔던 여러 부처들의 신통이며 바로 종극의 결과다. 종극의 결과가 이미 나타났다면 상주하지 않는다는 것인가? 또 얕은 생각[情]은 삶을 기뻐하고 죽음을 싫어한다. (그래서) 이제 장수한다고 말하여 그들을 다독거리면서 두루 꾸짖는다.[3]

壽量品第十五. 夫玄鑒虛朗. 出乎像域之表. 豈有殊形方泱修短之壽哉. 然無不形而不壽者. 出自群惑. 聖豈然乎. 但惑者謂佛實壽百齡. 今祛其斯滯. 假長壽遣之. 故目此品. 名為壽量. 壽量者. 即是上品奮迅諸佛神通. 即是極果. 極果既顯. 非常住如何. 又且近情欣生惡死. 今云長壽. 敦其彌何矣.

〈진실한 가르침의 말씀〉.[4] 미륵이 의문을 품고 해결을 요청했으

1) 소(疏) 주석에 泱字更勘.(泱자는 更자로 교감)
2) 『법화경』, 42a29.
3) 소(疏) 주석에 何字原本不明.

**며,**[5] 부처가 이에 대해 대답할 것이다. **일부러[故] 세 번 깨우쳐준 것**[6]은 이(理)가 깊고 도(道)가 오묘하여 가벼이 말할 수 없어서다.

**誠諦之言. 彌勒懷疑請決. 佛將答之. 故三告者. 以理深道妙. 不可輕說也.**

**〈오직 설명해 주기를 원합니다〉.**[7] 그렇게[其] 또 세 번 말씀드린 것은 역시 지극히 간절하다는 것을 나타낸다.

**唯願說之. 其又三白者. 亦表傾渴之至也.**

**〈모두가 말하기를 지금의 석가는 ~ 석씨 왕궁을 나와서〉.**[8] 군중의 의문은 이것에 있다. 그래서 이것을 지칭하여 물리친다. 오늘 장수(長壽)가 진실임을 근거로 해서 가야성(에서 성불한 일)은 허구임을 나타낸다. 만약 가야성이 진실이 아님을 깨닫는다면 역시 장수한다는 것도 진실이 아님을 이해할 것이다. 그러므로 길고 짧음은 중생[物]에게 있으며, 성인은 항상 무위(無爲)라는 것을 알게 된다.

**皆謂今釋迦氏至出釋宮. 群疑在此. 故稱而斥之. 今日據長壽為實. 以表伽耶是虛. 若悟伽耶之不真. 亦解長壽之非實. 故知修短在物. 聖常無為矣.**

---

4) 『법화경』, 42b02. 경문은 誠諦之語.

5) 앞의 용출품 마지막 부분(41b29 이하의 장행 및 게송)의 내용이 미륵의 의문과 대답 요청으로 끝난다.

6) 『법화경』, 42b01~04. 이 부분에서는 汝等當信解如來誠諦之語를 연달아 3번 반복하고 있는 것을 가리킨다.

7) 『법화경』, 42b05.

8) 『법화경』, 42b09~10.

**〈내가 성불한 이래로 이 보다 더 지났다〉.**[9] 색신으로서 부처는 모두 응현해서 있는 것이며 고정된 실제 형태는 없다. 형태가 참으로 실재하지 않는데 어찌 수명이 있겠는가. 그렇다면 (각각의) 정해진[10] 형태들은 똑같은 (목적에) 도달한다. 예나 지금이나 한 가지이며, 옛날 또한 지금이고 지금 또한 옛날이다. 있지 않은 때가 없고, 있지 않은 곳이 없다. 만약 있지 않은 때가 있거나 있지 않은 곳이 있다면 중생[物]에게 있어서 그러할 뿐이다. 성인은 그렇지 않은 것이다. 그래서 궁극적으로 장수한다고 설정했다. **가야성**[11]을 말한 것이 바로 이것이다. 만약 **가야성**(에서 출가 성도한 그 일)이 옳다면 **가야성**을 다시 말하지 않았을 것이다. **가야성**이 이미 잘못되었으므로 그의 장수만 어찌 옳겠는가. 길고 짧음은 이와 같이[斯] 잘못이고, 곧 길고 짧음이 존재하는 이유다.

我成佛已來復過於此. 夫色身佛者. 皆應現而有. 無定實形. 形苟不實. 豈壽哉. 然則方形同致. 古今為一. 古亦今也. 今亦古矣. 無時不有. 無處不在. 若有時不有處不在者. 於物然耳. 聖不爾也. 是以極設長壽. 言伽耶是之. 若伽耶是者. 非復伽耶. 伽耶既非. 彼長壽豈獨是乎. 長短斯非. 則所以長短存焉.

**〈여실하게 3계의 모습을 보며〉.**[12] **여실하게 본다**는 것은 다시는

---

9) 『법화경』, 42b25.

10) 내용상 方은 万(萬)의 오기일 수도 있다. 즉 만 가지 형태의 색신이라는 뜻으로 모든 색신을 가리킨다.

11) 『법화경』, 42b10.

12) 『법화경』, 42c13. 경문은 如實知見三界之相.

**여실하지** 않게 보는 일이 없다는 것이다. 본디 진실한 깨달음의 피안으로 건너가게 하려고 한다. 때문에 그에 맞춰 호응하여 방편을 짓는다. 또한 (방편들은) 비록 같지 않더라도 그 취지는 다르지 않다. 단지 **3계를 본다**고 말했지만 이미 그 바깥도 보았다. 주창한 것은 이미 근본이 있으며 다양하게 언어적 표현을 찾는 것이다.

如實見三界之相. 夫見實者. 無復不實之見. 本欲津實悟彼. 故隨彼所應. 而作方便. 亦雖不同. 而其旨不異. 但云見三界者. 已是見其外. 唱既有本. 庶尋言表也.

**〈내가 본래 보살도를 실천하여 이룬 수명은〉.**[13] 이전에[本] 보살도였을 때 수명은 이미 **이상(에서 말한 수명)의 두 배**[14]였다. 때문에 앞서 비록 **티끌을 셈하여 비유했더라도**[15] 또한 부처의 수명에 털끝만큼도 미치지 못함을 알아야 한다. 이제 보살(의 경우에 빗댐으)로써 부처를 나타냈으며, 부처의 수명은 많을 뿐이다.

我本行菩薩道所成壽命. 本菩薩道時. 壽已倍上. 故知向雖譬塵數. 亦未盡佛壽之一豪. 今以菩薩形佛. 佛壽多耳.

**〈비유하면, 좋은 의사가 … 100여명이었다〉.**[16] 이 **비유는** 부처가 실제로는 존재하면서도 사라졌다고 말하는 **비유**다. 중생은 예전에 교화를 받았으며, 보살로부터 태어난 **자식들**[17]이다. **20명**[18]은 2승

13) 『법화경』, 42c22.
14) 『법화경』, 42c22.
15) 『법화경』, 42b13.
16) 『법화경』, 43a08~10.

을 의미한다. **100여명**은 많다는 것을 나타낸다. 현재 (중생의 상황)에 의거해서 병을 치료하는 것을 **의사**라고 한 것이다.

譬如良醫乃至百數. 此譬. 譬佛實存而言滅也. 衆生昔受化. 是從菩薩生為子也. 二十為二乘. 百數明多. 據今治病為醫也.

**〈볼일이 있어서 멀리 다른 나라에 갔는데〉.**[19] 이미 이곳은 교화했고 다시 당연히 다른 곳을 교화하며 쉼이 없는 것이다.

以有事緣遠至餘國. 既以化此. 復應化彼. 而無息也.

**〈여러 아이들은 아버지가 간 후 다른 독약을 잘못 마시고 약 기운이 번져서 정신이 어지러워 땅에 쓰러졌다〉.**[20] 이해는 미약하고 미혹으로 정신이 없는 것[21]을 **독약을 마시다**라고 한다. 이(理)에 어긋남을 **다른**이라고 한다. 미혹이라는 조건[緣]이 나타난 것을 **약기운이 번져서**라고 한다. 사생식(死生識)을 받는 일은 **정신이 어지러워**라고 한다. 생사(生死)를 **땅에 쓰러졌다**라고 한 것이다.

諸子於後. 飲他毒藥藥發悶亂宛轉于地. 解微枉惑. 為飲毒藥. 乖理為他. 惑緣至. 為藥發. 受死生識. 為悶亂. 生死為宛轉于地也.

**〈이 때 아버지가 집으로 돌아왔다〉.**[22] 본디 교화한 이(理)가 진실

---

17) 『법화경』, 43a09.
18) 『법화경』, 43a09.
19) 『법화경』, 43a10.
20) 『법화경』, 43a10.
21) 소(疏) 주석에 枉字原本不明.
22) 『법화경』, 43a11.

임을 **집**이라고 한다. 그들이 받았던 교화의 인연[緣]이 나타나서 다시 가야성으로 돌아오는데 이를 가리켜 **돌아왔다**고 한 것이다.

是時其父還來歸家. 本化理真為家. 彼受化緣至. 更還伽耶城. 目之為歸也.

**〈여러 아이들이 독약을 마시고 본심을 잃기도 하고 혹은 아직 잃지 않은 이도 있었다〉.**[23] 교화를 받은 이래 항상 정도(正道)를 익힌 사람은 **본심은 잃지 않았다**고 하며, 이것[正道]에 어긋난 사람은 **잃었다**고 한 것이다.

諸子飲毒或失本心或不失者. 從受化以來. 恒習正道. 為不失本心. 乖之為失也.

**〈멀리서 아버지를 보고 모두 크게 환희하며 ~ 안녕히 다녀오십니까〉.**[24] 인연[緣]이 얕고 이해는 어두워서 어렴풋이[微] 점점 이(理)에 가까워짐을 **멀리서 보다**라고 한다. 그런데 함께 그 모습[應形]을 보기 때문에 **모두 환희하며** 예경과 공양과 찬탄을 나타내지[知] 않음이 없는 것이다.

遙見其父皆大歡喜至善安隱歸. 緣淺解昧. 微漸近理為遙見. 然同覩應形. 故皆歡喜. 莫不知禮敬供養讚嘆也.

**〈저희들이 어리석어 독약을 잘못 복용했습니다〉.**[25] 이해라는 조

23) 『법화경』, 43a12.

24) 『법화경』, 43a12~13.

건[緣]이 이미 발현해서 진실이 잘못에 응소(應訴)하고 있다. (이 말은) 임의적인 말일 뿐이다.

我等愚癡悞服毒藥. 解緣已發. 真應訴謬. 假辭爾耳.

〈**구원해서 다시 생명을 주시기를 바랍니다**〉.[26] 이미 **구원**을 소구(訴求)했고, **구원**하면 곧 다시 지혜의 **생명**은 살아난다. 역시 임의적인 말로 말하는 것일 뿐이다.

願見救療更賜壽命. 既訴求救. 救則更生慧命. 亦假辭云爾.

〈**아버지는 자식들의 고통이 이와 같음을 보고 ~ 먹게 했다**〉.[27] 호응에 따른 설법에는 모두 취지가 있음을 **맛**[28]이라고 한다. 말씀으로 꾸민 외적인 기쁨을 **빛깔**[29]이라고 한다. 안팎으로 마음[心]을 바로잡는 것을 **향**[30]이라고 한다. 언교(言教)는 고정된 모습이 없고 혼연한 지극함을 나타내고 있다는 것을 **찧고 체로 쳐 화합해서**[31]라고 한다.

父見子等苦惱如是至與令服. 隨應說法. 皆有旨趣. 為味. 辭餝外悅. 為色義. 表裏董心. 為香. 言教顯無相混然之致. 為擣篩和合也.

---

25) 『법화경』, 43a13.
26) 『법화경』, 43a13.
27) 『법화경』, 43a14~16. 경문은 與子令服.
28) 『법화경』, 43a16.
29) 『법화경』, 43a15.
30) 『법화경』, 43a15.
31) 『법화경』, 43a16.

**〈그리고 이렇게 말했다. ~ 다시는 여러 가지 병에 걸리지 않을 것이다〉.**[32] 복용시키려는 의도에서 하는 역시 임의적인 말이다.

而作是言至無復衆患. 令服意亦假辭爾也.

**〈그 여러 자식 가운데 본심을 잃지 아니한 이들은 ~ 병이 모두 나았다〉.**[33] 취지를 얻는 것을 **복용하다**[34]라고 하며, 미혹이 제거된 것을 **나았다**라고 한다.

其諸子中不失心者至病悉除愈. 得旨為服. 惑除為愈.

**〈본심을 잃은 그 밖의 아이들은 ~ 좋지 않다고 했다〉.**[35] 비록 이것이 약이라는 것은 알지만 취지[旨]에 어둡다. 이를 **좋지 않다**고 한다.

餘失心者至而謂不美. 雖知是藥. 昧旨. 以為不美.

**〈곧 이렇게 말했다. 나는 이제 노쇠하여 죽을 때가 이미 이르렀다〉.**[36] 부처의 나이가 80이 되었듯이 모습[形]은 오래된 수레와 같다. 곧 열반[泥洹]으로 나아갈[般] 따름이다.

即作是言我今衰老死時已至. 如佛年具八十. 形如故車. 當般泥洹爾耳.

---

32) 『법화경』, 43a16~18.

33) 『법화경』, 43a18~20. 경문은 病盡除愈.

34) 『법화경』, 43a19.

35) 『법화경』, 43a20~23.

36) 『법화경』, 43a25. 경문은 即作是言. 汝等當知. 我今衰老死時已至.

**〈이 좋은 약을 이제 여기에 남겨 둔다〉.**[37] 6바라밀[六度]은 큰 법이지만 지니지 않으면 사라진다. 이(理)는 사라지지 않으며 수행하면 곧 존재하는 것이다.

是好良藥今留在此. 六度大法. 不持之去. 理不可亡. 行之則存也.

**〈이렇게 타일러 놓고 다시 다른 나라에 가서 사자를 본국의 아이들에게 보내어 그대들의 아버지는 이미 죽었다고 알렸다〉.**[38] 나머지 교화를 다시 실행하는 것을 **다른 나라에 가다**라고 한다. 사라쌍수[雙樹]에서 열반[泥洹]하여 말씀과 행적이 모두 사라진 것을 **사자를 보내어 너의 아버지는 이미 죽었다고 알렸다**라고 한다.

作是教已復至他國遣使還告汝父已死. 實更餘化. 為至他國. 雙樹泥洹. 言迹都滅. 為遣使還告汝父已死也.

**〈이 때 여러 아들들이 아버지께서 세상을 떠났다는 소식을 듣고 ~ 병이 다 나았다〉.**[39] 부처의 열반[泥洹]을 보고서 항상하지 않음을 깊이 깨닫고 비로소 부처의 말씀을 알게 된 것을 **좋다**[美][40]고 하며, 취지[旨]를 알게 된 것을 **복용하다**[41]고 한 것이다.

是時諸子聞父背喪至毒病皆愈. 見佛泥洹. 深悟非常. 始知佛

37) 『법화경』, 43a26.
38) 『법화경』, 43a27.
39) 『법화경』, 43a28~43b04.
40) 『법화경』, 43b03.
41) 『법화경』, 43b03.

語為美. 得旨為服也.

**〈아버지는 아이들이 약을 먹고 이미 다 나았다는 소식을 듣고 다시 돌아와 모두가 그를 보게했다〉.**[42] 이미 현묘한 취지[旨]는 이해했고 부처를 보게 될 것이다. 형체가 아니라 부처를 보도록 그 사람들에게로 다시 **돌아오게** 되었다.

其父聞子悉已得差尋便來歸咸使見之. 旣解玄旨. 為方見佛. 非形見佛. 於彼人中. 亦為歸矣.

**〈허망한 죄이겠는가?〉.**[43] 본디 알고 받게 하려는 마음[心]이라서 중생[物] 구제의 결과[實]가 있다면 말이 비록 일정하지가 않더라도 이(理)는 진실에 어긋나지 않는다. 비록 다시 온종일 말하더라도 말에 **허망한 죄**는 없는 것이다.

虛妄罪不. 本以識受為心. 有濟物之實. 言雖反常. 理不乖真. 雖復終日說. 說而無虛妄罪也.

**〈함께 영취산을 나와〉.**[44] 부처가 감응하기 시작해서 **나오게** 되었을 뿐이다.

俱出靈鷲山. 佛於始感為出耳.

---

42) 『법화경』, 43b04.
43) 『법화경』, 43b07.
44) 『법화경』, 43b24.

**〈항상 영취산에 머물며 ~ 중생이 겁 다하여〉.**[45] 원래 보였던 부처가 존재하지 않는 것은 중생이 나쁘게 오염되었기 때문이다. 오염 때문에 존재하지 않는다. 곧 오염이 없어야 반드시 존재하며, 오염이 있어서는 결코 없다. 때문에 **일곱 가지 보석[七珍]**[46]에 의지하여 이것을 설명한다. 일곱 가지 보석에 의지하여 이것을 설명한 것은 돌과 모래[名汝][47]로 오염되지 않았다는 것을 설명할 따름이다. 본디 (부처가) 스스로는 그 형체[體]가 오염이 아니라는 말을 하지 않고, 형체 없음에 대해 논했는데 또한 어찌 특별하게[異] 바탕이 오염이겠는가. 그러므로 오염이 없는 깨끗함은 곧 국토[土]가 없다는 뜻이다. 국토가 없다고 말하는 것이기 때문에 **정토**[48]는 국토가 없이 깨끗하다는 말이며, 어찌 법신이 의탁하는 바가 아니겠는가. 나쁘게 오염되어 불타게 되는 것은 바로[是] 중생의 죄보에 따른다[自]. 또한 존재하지 않음이 없고, 깨끗하지 않음이 없는 것을 어찌 훼손하겠는가[傷]. 그래서 중생이 불타게 되더라도[見] 정토는 훼손되지 않는다. 또 지금 사람들이 좋은 일[美]은 기뻐하고, 좋아하는 것[好]을 숭상하도록 느끼게[情] 한다. 만약 정토가 훼손되지 않는다고 들으면 곧 간절히 바라는 마음[意]이 깊어진다. 사례[事]를 들어 현묘함에 통한 것으로 이로운 바가 많다.

**常在靈鷲山至眾生見燒盡. 旣見佛之不在. 良以眾生穢惡. 以穢不在. 則無穢必在. 無必在穢. 故寄七珍明之. 寄七珍明之者.**

---

45) 『법화경』, 43c05~06. 경문은 眾生見劫盡.

46) 『법화경』, 43c08. 경문은 種種寶莊嚴.

47) 소(疏) 주석에 名汝一作石沙.(名汝는 石沙와 동일하게 쓴다.)

48) 『법화경』, 43c12.

明無名汝之穢耳. 本自不言其體非穢. 於無形而論. 亦何異穢質. 然則無穢之淨. 乃是無土之義. 寄土言無. 故言淨土. 無土之淨. 豈非法身之所託哉. 至於穢惡被燒. 自是衆生罪報. 亦何傷無不在. 無不淨乎. 是以衆生見燒. 而淨土不毀. 且今人情欣美尚好. 若聞淨土不毀. 則生企慕意深. 借事通玄. 所益多矣.

**〈나는 항상 알고 있으니 중생이〉.**[49] (산문 부분에서) 설명했던 미묘함을 합쳐서 읊은 것이다.

我常知衆生. 頌合說微也.

**〈매번 이렇게 생각하니〉.**[50] (산문 부분의 설명을) 합쳐서 이렇게 나타낸 것이다.

每作是念. 合爾名也.

49) 『법화경』, 44a01.
50) 『법화경』, 44a03. 경문은 每自作是意.

# 16. 분별공덕품(分別功德品)

인[因]과 과[果]는 서로 수반한다. 믿음[信]은 그림자나 메아리와 같다. 위에서 이미 수명에 대한 말씀을 들었고 곧 마음[心]을 다해서 이익을 구한다. 이것이 쌓여서 이루어진 결과 그들은 두루 보답을 받을 것이다. 이제 그 참치(參差)를 구분한다. 때문에 **공덕을 분별한 품**[1]이라고 한다.

**分別功德品第十六. 夫因果相召. 信若影響. 上既聞壽命之說. 則盡心求益. 藉茲尅果. 其報彌矣. 今辨其參差. 故謂分別功德品也.**

**〈아일다〉.**[2] 송(宋)나라 말로는 무승(無勝)이며 미륵의 자(字)다.

**阿逸多. 宋言無勝. 彌勒字也.**

**〈무생법인을 얻었으며〉.**[3] 진실로 깨달은 무리들에 대해 어째서 말할 필요가 있는가. 깨달음을 얻은 그들[者]을 광범위하게 인용한 까닭은 이 경(經) 자체를 찬미하려고 여러 가지 이해를 쌓기 위해서다. 중생[物]에게 무궁하게 호응하며, 구해나가는 무리들을 은밀히 격려해서 법화를 지니도록 할 따름이다. 아직 이(理)를 이해하지[見] 못했을 때는 반드시 말이라는 나루터가 필요하지만, 이미 이(理)를 알았다면[見] 말이 무슨 쓸모가 있겠는가. 그것은 물고기나 토끼를

1) 『법화경』, 44a05.

2) 『법화경』, 44a08. (산)Ajita.

3) 『법화경』, 44a10.

잡는 통발이나 올무[筌蹄]와 같은 것으로 물고기와 토끼를 이미 잡았다면 통발과 올무가 무슨 쓸모이겠는가[施].[4] 만약 한 번이라도 경전을 들으면 곧바로 일생보처(一生補處) 혹은 무생법인(無生法忍)에 도달한다고 하지만, 이(理)는 결코 그렇지 않다. 본래 진실로 풀어지지 않는데 말이 무슨 보탬인가. 나아가거나 물러난다는 근거는 없다. 그래서 (경전에서) 글자 상으로는 이렇게 말하고 있지만 진실로 경전이 설명하는 것은 이(理)가 10주(住)를 옹호한다는 것이다. 그들(중생과 보살마하살)은 기대지[假] 않는다고 하더라도 기대는 지위에 있으며, 경전의 지식을 쓰지 않지만 쓰고 있다. 이로써 **얻었다**는 것을 잘 나타낸다. 사례가 나타내는 경전의 의미, 만약 (사례로)부터 이 의미를 안다면 어찌 스스로 그만둘[已] 수 있겠는가.

得無生法忍. 實悟之徒. 豈須言哉. 所以廣引得悟者. 欲美此經體蘊衆解. 應物無窮. 密敦涉求之徒. 使持法花耳. 夫未見理時. 必須言津. 既見乎理. 何用言為. 其猶筌蹄. 以求魚菟. 魚菟既獲. 筌蹄何施. 若一聞經. 頓至一生補處. 或無生法忍. 理固無然. 本苟無解. 言何加乎. 進退無據. 而文言爾者. 良由經之所明. 理護十住. 彼雖不假. 而在假之位. 經識無施. 而有施之. 能以此示得. 事表經義. 若從知之. 豈能自已哉.

**〈8생 만에 무상보리를 얻었으며〉.**[5] 이것은 8주(住)에 관해서 하는 말이다. 8주 이상은 이윽고 다시 몸(을 갖고 태어남)이 없는데 무

4)『莊子』「雜篇」, 第26篇 徐无鬼, 第12章.

5)『법화경』, 44a17. 경문은 八生當得阿耨多羅三藐三菩提.

엇으로써 그들의 지혜가 밝고 어두운지를 알 수 있겠는가. 때문에 이(8주)를 8생이라고 한 것이며, 과거불이 매우 오래되었음을 알게 한다. **1생**[6]이란 예를 들어[如] 미륵의 바로 그[當][7] 하생, 이것을 1생이라고 한다. 이와 같이 **2생**[8]이나 **3생**[9] 내지 **8생**에 이른다. **8**이란 많은 생(生)이다. 생(生)이 많기 때문에 과거불이 오래되었음을 알거나 또한 잘 모를 수 있다. 10생이라고 말하지 않은 이유는 10은 하나의 궁극적인 수(數)이며 매우 많다는 뜻(이기 때문)이다. 보살에게는 속박[累]이 약간 있다는[或] 것을 나타내기 위해서 8에 의지할 따름이다. 또 6을 말하지 않고 바로 **4생**[10]으로 넘어간 것[11]은 경전이 그윽하고 아득해서 깊이 깨달아 들어가도록 인도한다는 것을 나타내려는 것이다. (6을) 건너뛰고 4생에 이른 것은 이 의미를 나타낸다. 4생부터 1생에 이르기 까지 순서대로이며 뛰어넘지 않는 것은 이(理)가 점차로[轉] 깊고 오묘해진다는 것을 설명하면서 깨달은 사람 역시 드물고[少] 빨리 얻기 어려울 것이라는 이 의도를 나타내기 위해서다.

八生當得無上菩提者. 此就八住為語也. 八住以上. 既無復身. 何以得知其智明昧. 故寄之以八生. 知去佛久遠也. 一生者. 如彌勒當下. 謂之一生. 如是或二或三. 乃至八. 八者多生. 多生故知去佛遠. 知亦昧矣. 所以不言十生者. 十是數之一極. 是巨多之義. 欲表菩薩或累缺少. 故寄之八耳. 又不言六. 逕其四生者.

---

6)『법화경』, 44a23.
7) 소(疏) 주석에 當字原本不明.
8)『법화경』, 44a22.
9)『법화경』, 44a20.
10)『법화경』, 44a18.
11)『법화경』 본문은 8생, 4생, 3생, 2생, 1생의 순서대로 내용이 이어진다.

欲表經幽邃. 引悟入深. 超至四生. 顯斯義焉. 從四生至一. 次第不越者. 欲明理轉深妙. 悟者亦少. 難可得速. 示玆意也.

**〈부처의 수명을 듣고〉.**[12] 여래의 지혜의 **수명**이다. 이제 **수명**에 대한 설법을 들었으며 곧 이것은 깊은 반야를 얻은[服] 것이다. 때문에 **나유타 겁 동안 5바라밀을 실천한 공덕**[13]이 (이 공덕의) **일부[一]에도 미치지 못한다**[14]고 말한다.

聞佛壽命. 如來慧命也. 今既聞說壽. 即是服深般若. 故言那由他劫. 行五波羅蜜功德. 所不及一也.

**〈이 경을 가지고 아울러 보시를 실천하면〉.**[15] 이상에서 해온 말의 의도는 여기에 있다. 안으로는 오묘한 이해를 품고, 밖으로도 **6바라밀[六度]을 실천하여**[16] 마음[心]과 일이 함께 이뤄지면[奏] 곧바로 아침이든 저녁이든 (언제든지) 올바르게 깨닫는다. **8방의 넓이로 공덕[其]의 밝고 큼을 헤아리기에 어찌 충분하겠는가.**[17]

能持此經. 兼行布施. 上來所說. 意在乎此. 內既懷妙解. 外又行六度. 心事俱奏. 則正覺朝夕. 八方之廣. 何足擬其明大.

12) 『법화경』, 44c20. 경문은 聞佛壽命長遠如是.

13) 『법화경』, 44c23~25.

14) 『법화경』, 44c26. 경문은 不及其一.

15) 『법화경』, 45c14. 경문은 況復有人能持是經. 兼行布施.

16) 『법화경』, 45c14~15. 경문은 兼行布施持戒忍辱精進一心智慧.(아울러 보시·지계·인욕·정진·선정·지혜를 실천하면)

17) 『법화경』, 45c16~18. 경문은 譬如虛空東西南北四維上下無量無邊. 是人功德亦復如是無量無邊. 疾至一切種智.(비유하면 허공의 동·서·남·북과 4유(維)·상하가 한량없는 것처럼 이 사람의 공덕 또한 무량무변하여 일체 종지에 빨리 이르게 된다.)

# 17. 수희공덕품(隨喜功德品)

원래 성인이 가르침을 베풀면서 어찌 단지 당시에만 이익을 얻게 하겠는가. 곧 애욕에 집착하는 이후[來] 세대[葉]에서도 창생(蒼生)을 가르쳐 교화한다. 이상에서(上來) 3과(果)가 1과(果)가 된다는 의미의 설명은 이미 대략[粗] 끝났다. 이 품은 (법화경을) 유통시키는 사람들에 대해 설명하려고 한다. 사람들이 법(法)을 유통시키려면 기쁜 마음[欣喜]을 품는 것이 중요하다. 만약 질투와 분노[嫉恚]의 마음[心]이 있다면 곧 중생[物]과 멀어진다. 중생[物]과 멀어진 사람이 도(道)는 어떻게[何由] 유통시키겠는가. 때문에 품의 제목을 (법을 듣고 따르며 기뻐함이라는 뜻의) **수희(隨喜)**[1]라고 한 것이다.

隨喜功德品第十七. 原聖人設教. 豈但取益乎當時. 乃愛執來葉. 訓化蒼生. 上來明三果為一果義. 已粗畢. 此品欲明流通之人. 人欲通法. 要以欣喜為懷. 若有嫉恚之心. 則與物隔. 與物隔者. 道何由通. 故以隨喜目品也.

**〈미륵이 부처에게 여쭈었다〉.**[2] 그 예전에는 수희(隨喜)로써 실천하는 것에만 몰두했는데, 이제 다시 이 의미에 대해[3] 묻는 것이다.

彌勒白佛. 其昔偏以隨喜為行. 今復問. 向茲義也.

---

1) 『법화경』, 46b21.

2) 『법화경』, 46b22. 경문은 彌勒菩薩摩訶薩白佛言.

3) 소(疏) 주석에 向字原本不明.

**〈복을 얼마나 얻습니까?〉.**[4] **복**[其]의 많고 적음을 제시해서 중생[物]의 추구하는 마음[情]을 돈독하게 한다.

得幾所福. 示其多少. 使物求之情篤.

**〈50번째에 이르면〉.**[5] 맨 나중 사람을 근거로 삼은 이유는 모든 사람이[皆] 최초로 지혜의 말씀을 직접 들어야 기쁜 마음이 분명히 짙고, 만약 다른 사람들에게 전해지다가 최후에 (들으면) 기쁜 마음이 옅으며, 옅은 사람은 공덕도 엷다고 그르치기[羡] 때문이다. 여기서 **같지 않다**[6]란 복의 과보는 그 자체로 무량하다는 칭송이다. **하물며 처음에 들었던 무리들이 앉은 자리에서 처음으로 기뻐한 것**[發]**은 또한 깊지 않겠는가.**[7]

至第五十. 所以據最後人者. 皆羡其初. 親聞智說. 喜心必濃. 若傳之餘人. 又復最後. 喜心則淡. 淡者功德亦薄. 今就不如者. 稱福報以自無量. 況初在聞之徒. 發初在坐. 不亦深乎.

**〈4생의 중생〉.**[8] 복의 과보[其]가 많다는 것을 궁구하려는 것일 따름이다.

四生衆生. 欲窮其多耳.

---

4) 『법화경』, 046b23.

5) 『법화경』, 46c04.

6) 『법화경』, 46c25.

7) 『법화경』, 47a01. 경문은 何況最初於會中聞而隨喜者. 其福復勝無量無邊阿僧祇. 不可得比.(하물며 최초의 대회에서 듣고 따라 기뻐한 이야말로 말할 것이 있겠는가. 그 사람의 복은 더욱 많아 한량없고 가없는 아승기로 가히 비유할 수가 없다.)

8) 『법화경』, 46c07.

**〈50번째 사람이 법화를 듣고 따라 기뻐한 것과 같지 않으며〉.**[9] 위[10]에서 설명한 4과(果)의 공덕은 한량(限量)이 있다. 법화라는 이(理)는 원만하게 통하며 끝이 없어서 사람들이 따르며 기뻐할 수 있다. 이것은 곧 여래의 도(道)가 뻗어 나가는 것이다. 도(道)가 이 사람으로 말미암아 뻗어 나간다면 그 공덕[功]이 어찌 줄어들겠는가[迮]. 때문에 **백분, 천분의 일도 미치지 못한다**[11]고 한 말이 어찌 헛말이겠는가.

**不如第五十人聞法花隨喜. 上所明四果功德. 斯則有限量. 法花為理. 圓通無極. 人能隨喜. 斯則如來道遂. 道遂由乎此人者. 其功安可迮耶. 故言百分千分不及其一. 豈虛也哉.**

**〈항상 벙어리가 되지 않고〉.**[12] 법화의 과보가 어찌 이렇게 다스리겠는가[政]. 다만 인정(人情)이 좋아하는 바에 따르기 때문에 **보배 수레를 타고,**[13] **입에서 더러운 냄새가 안 나며,**[14] **여러 가지 나쁜 것이 없다**[15]고 할 뿐이다.

**終不瘖啞. 法花之報. 豈政爾耶乎. 但就人情所樂. 故言得乘**

---

9) 『법화경』, 46c25. 不如是第五十人. 聞法華經一偈隨喜功德. 百分千分百千萬億分不及其一.(50번째의 사람이 『법화경』의 한 게송을 듣고 따라 기뻐한 공덕의 백 분, 천 분 내지 백천만억분의 1만도 못하며)

10) 『법화경』, 46c16~20.

11) 『법화경』, 46c27. 각주 752 참조.

12) 『법화경』, 47a12.

13) 『법화경』, 47a04. 경문은 得好上妙象馬車乘珍寶輦輿.(좋고 아름다운 코끼리나 말의 수레를 타며, 또는 진귀한 보배의 연을 타고)

14) 『법화경』, 47a12. 경문은 口氣不臭.

15) 『법화경』, 47a16.

寶輦. 口氣不臭. 無諸可惡耳.

**〈대중이 있는 곳에서 남을 위하여 분별하고〉.**[16] 이것은 뒤의 품[17]에서 말하며, 이상에서 자세히 말한 것은 없다. 앞에서 생략된 설명은 설법을 전파하면서 수희하며 유통시키는 것은 (그 공덕이) 얼마나[18] 되는가이다.[19]

**而於大眾為人分別. 此語後品. 上無廣說. 向所略明者. 展轉說隨喜. 流通為多哉.**

16)『법화경』, 47a22.

17) 18. 법사공덕품을 가리킨다.

18) 소(疏) 주석에 多字原本不明.

19) 설법을 듣고 수희하는 사람의 복과 공덕에 대해 설명하고 있는 반면, 설법을 전파하는 사람의 복과 공덕에 대한 직접적인 설명은 생략하고 있다는 의미인 것 같다. 이에 대한 설명은 다음의 법사공덕품에서라는 것이다.

# 18. 법사공덕품(法師功德品)

**법사품**[1] 앞[2]은 3인(因)이 1인(因)에 통한다는 것을 위해서였다. 이 품은 3과(果)가 1과(果)가 된다는 것을 널리 알리고, 또 법의 공덕과 과보를 변별하기 위한 것이다.

**法師功德品第十八. 前法師品者. 為通三因是一因. 此品為宣三果為一果. 亦辨法功報也.**

**〈읽거나 읊거나 설명하거나 쓰면〉.**[3] (이런 사람을) 법사라고 부른다. □품[4]에서 **대중이 모인 곳에서 남을 위하여 분별한다**[5]고 했는데, 이제 이것을 자세히 말한다.

**若讀若誦. 若說若書. 名法師. □品云. 而於大眾為人分別. 今廣之焉.**

**〈8백 가지 눈의 공덕 ~ 뜻의 공덕〉.**[6] 말하자면, 법화를 수행한 과보란 크게 밝은 지혜다. 이 지혜는 잘 보지 못하는 것이 없고, 잘 알지 못하는 것이 없다. 만약 그 지극한 지혜를 맡는다면 곧 그윽하

---

1) 『법화경』, 47c02.
2) 17. 수희공덕품을 가리킨다.
3) 『법화경』, 47c04. 경문은 若讀若誦若解說若書寫.
4) □品은 前品 즉 수희공덕품을 가리키는 것 같다.
5) 『법화경』, 수희공덕품, 47a22.
6) 『법화경』, 47c05~07.

게 중생[物]에게 베푼다. 그래서 사람에게 맞도록 조절하고[抑], 즐겁게[樂若] 올라갈 수 있도록 과보를 6정(六情 : 六根)에 의지해 (설명하며) 배우는 사람을 인도한다. 배우는 사람은 이것을 □하고[7] 곧 기쁘게 경전을 수행하며 그 수행이 쌓여서 얻기에 이른다. (이것이 6정에) 의거하는 까닭이다. 6정에 의지해 (설명한) 것은 색(色)을 보는 것은 당연히 눈에 있고, 법을 아는 것은 곧 당연히 뜻에 있어서다. 이미 배워서 얻었다고 한다면, 보면서 알지 못함이 없게 할 수는 없다. 때문에 항상 통하는 **눈은 3천을 보는 데**[8] 머무른다. □[9]얻음의 근거는 생신(生身)을 말한다.

**八百眼功德至意功德. 如說修行法花報者. 大明慧是. 此慧能無不見. 能無不知. 若任其極慧. 則冥然施物. 故抑使在人. 樂若可階. 寄報六情. 取引學者. 學者□之. 即欣欲修經. 及其行積乃獲. 所以處矣. 其寄六情者. 見色則應在眼. 知法則應在意. 既云學得. 不可令無不見知. 故常通之. 眼止見於三千. 據□得言生身.**

생신(生身)은 거친 형태로 근접하기 때문에 아직 법신을 얻지 못했다고 한다.[10] 고찰하여 논해 보자. **3천**[11]은 이미 그렇고,[12] 10방은

---

7) 소(疏) 주석에 □疑听. 이에 따르면 '□하고'는 '듣고'가 된다.

8) 『법화경』, 47c08. 경문은 父母所生清淨肉眼. 見於三千大千世界內外所有山林河海. 下至阿鼻地獄. 上至有頂.(부모에게서 타고난 청정한 육안은 3천대천세계 안팎에 있는 산림과 강, 바다, 아래로는 아비지옥 위로는 유정천까지 보며)

9) □은 學인 것 같다. 따라서 學得이며, '배워서 얻음'일 것이다.

10) 생신(生身)은 육체적인 몸이라는 뜻이다. 경문에서 직접적으로 생신이란 표현은 등장하지 않는다. 여기서는 6근을 가진 사람이라는 뜻에서 생신이라고 표현한 것 같다. 이 품에서는 직접적으로는 6근의 공덕을 설명하고 있다. 도생은 이를 근거로 법신을 얻었다고는 하지 않는다고 설명하는 것 같다.

어떤 차이가 있는가? 이것(10방)은 곧 법신 자체가 지극히 비추는 (범위인) 것이다. 3근[13]은 (경전을 받아 지니고) 읽고 (외우며) 해설하는 것에 대한 공덕을 설명한다. 때문에 나타난 수가 같지 않다. 통틀어 설명하면 하나라고 할 수 있고, 별개로 설명하면 무량하다. 모두[盖] 대략적인[近侍][14] 수일뿐이다. 개인적으로[15] 품의[16] 취지를 찾는다는 것은 멀리 말씀 밖에서 캐낸다는 것이다. 1,200의 공덕은 10선(善)에 근거한다는 뜻이다. 자행(自行), 교화, 찬탄, 수희(隨喜)에 각각 10선이 있어서 합하면 40이다. 1선은 또 10선을 겸행하고, 40선 하나하나가 모두 그러하여 합하면 400선이다. 400선은 각각 상, 중, 하품이 있어서 곧 1200이다. 3근[17]은 그렇지 않고 중, 하 2품이 있어서 800선이다. 나머지 근은 더 뛰어나기 때문에 그래서 1200인 것이다.

生身麤近. 故言猶未得法身. 考而論之. 三千既然. 十方有何異哉. 斯則法身體極照也. 三根明功於讀說. 故示數不同. 總明可一. 別明無量. 盖是近侍之數耳. 私尋品旨者. 遠採言外也. 千二百功德. 據十善為義. 自行教化. 讚嘆隨喜. 各有十善. 合四十也. 一善又能兼行十善. 四十善一一皆爾. 合四百善. 四百善各

11) 『법화경』, 47c09. 3천대천세계를 가리키며, 이하 반복적으로 등장한다.
12) 이 품 전체에 걸쳐 10방이라는 표현은 사용하지 않고, 삼천대천세계로써 설명을 이어가고 있다.
13) 소(疏) 주석에 三字原本不明. 이 품에서 말하고 있는 근(根)의 공덕은 안근(眼根) 800, 이근(耳根) 1200, 비근(鼻根) 800, 설근(舌根) 1200, 신근(身根) 800, 의근(意根) 1200 공덕이다. 여기서 안, 비, 신은 800공덕이고 이, 설, 의는 1200공덕으로 구분된다. 3근씩 한 쌍인 것이다. 이것을 도생은 3근이라고 표현한 것이 아닐까.
14) 소(疏) 주석에 近字原本不明.
15) 소(疏) 주석에 私字原本不明.
16) 소(疏) 주석에 品字原本不明.
17) 안(眼)·이(耳)·비(鼻) 3근.

有上中下品. 則千二百也. 三根不如. 得中下二品八百善也. 餘根勝故. 故千二百也.

〈**좋은 맛으로 변하여**〉.[18] 나를 윤택하게 도와주며 나에게 감로의 맛을 얻게 한다. 그런데 그 얻은 과보가 본래 쓰거나 떫은 것이 아니어서 어찌 **변함**이 있겠는가. 그러나 이렇게 말한 것은 가깝게 느끼도록 끌어들이기 위해서다. 그래서 **변한다**고 했을 뿐이다. 소리[聲]와 향기[香]라는 것도 만약 그 과보를 논한다면 역시 이 의미와 같으며, 어찌 나쁘다고 하겠는가.[19] 다만 이 세상[天下]의 소리와 향기에는 좋고 나쁨이 있다. 보살이 (변한다는) 이 말을[之] 듣는다고 해서 또한 어찌 해를 입겠는가(傷).

變成上味. 資益潤我. 得甘露味. 在已. 然其得報. 本不苦澁. 豈有變乎. 而言爾者. 汲引近情. 故云變耳. 聲香者. 若論其報. 亦同斯義. 豈名惡耶. 但天下聲香有好惡. 菩薩聞之. 亦何傷乎.

18) 『법화경』, 49b18.

19) 소(疏) 주석에 名字原本不明.

# 19. 상불경품(常不輕品)

법화라는 소중한 경전은 바로 모든 선(善)의 근원이며, 지극한 지혜가 윤택하다. 거스르면 곧 산처럼 큰 죄를 얻고, 순응하면 곧 바다처럼 많은 복이 이른다. 앞에서 비록 그러한 말씀은 있었지만 아직 그러한 사람은 없다. 때문에 옛일을 인용하여 지금을 증명해서 믿는 사람이 늘어나게 한다. 훼방하거나 거스르는 죄는 **발타바 등**[1]과 같다. □하며[2] 순응하는 복은 **불경보살**[3]과 같다. 경전을 증명하려고 했기 때문에 이 품[端]을 설정해서 죄의 과보를 나타냄으로써 그 의심과 비방을 배격한다. 6근의 과보를 드러낸 것은 그 깨끗한 믿음을 설명하고, 또 죄와 복의 영향은 이(理)가 다르지 않다는 것을 나타내려는 것이다. 깨끗이 하려고 배우는 사람[子]이 신중하지 않을 수 있겠는가.[4] 죄의 과보는 앞의 화택(火宅)[5] 중에서 말한 것과 같다.

常不輕品第十九. 法花尊經者. 是眾善之源. 極慧之潤. 逆則獲罪若山. 順則到福如海. 前雖有其言. 未有其人. 故引古證今. 使信者增至. 若毀逆之罪. 如跋陀婆等. □順之福. 如不輕菩薩. 既欲證經. 故設此端. 示罪報者. 以排其疑謗. 現六根果者. 欲明

1) 『법화경』, 51b03. 경문은 跋陀婆羅等五百菩薩.(발타바라 등 500보살)

2) 소(疏) 주석에 □疑信.

3) 『법화경』, 50b23. 이 품의 산문에서는 常不輕菩薩, 게송에서는 不輕菩薩로 표기하고 있다.

4) '신중하지 않을 수 있겠는가'라는 이 표현의 출처는 『莊子』「內篇」, 第4篇 人間世의 第2章이다.

5) 3. 비유품의 삼계화택(三界火宅)의 비유를 가리킨다.

其淨信. 亦表罪福影響理不可差. 洗學之子可不愼哉. 罪報如前火宅中說也.

# 20. 여래신력품(如來神力品)

인(因)과 과(果)의 설명은 이미 끝났다. 이는 곧 이(理)가 원만하고 일이 완성되었다는 것이다. 도(道)의 말씀과 덕(德)의 행위가 □[1]하에 가득 퍼진다. 그러나 어둠을 (밝히는) 빛은 많이 부닥치고, 현묘한 주창[唱]은 반대를 당할 뿐이다. 탁세나 말세에 믿음을 얻고서 법화를 부촉하기는 어렵다. 때문에 먼저 **뛰어난 신력(神力)을 나타내어**[2] 중생을 기쁘게 하며 기이하다는 생각이 들게 해서 멀리 10방으로 하여금 **나무[南無]**[3]라고 외치며 부처에게 귀의하도록 한다. 그 다음에 믿음에 이르는 것은 순식간이다.

如來神力品第二十. 明因果既竟. 斯則理圓事畢. 道言德行. 備宣□下. 然夜光多迕. 玄唱逆耳. 至於濁末取信. 難將付囑法花. 故先現踰神力. 令眾喜悅. 發其奇想. 遠使十方. 稱南無歸命. 於後致信. 無間然矣.

**〈넓고 긴 혀를 내다〉.**[4] (부처의) 말씀이 허망하지 않다는 것을 표현한다.

出廣長舌. 表言無虛也.

---

1) □은 天인 것 같다.
2) 『법화경』, 51c18. 경문은 現大神力.
3) 『법화경』, 52a09. 경문은 南無釋迦牟尼佛. 南無釋迦牟尼佛.
4) 『법화경』, 51c18.

**〈일체 모공에서 빛을 내다〉.**[5] 하나의 지극한 □□[6]이 비추지 않음이 없다는 것을 나타낸다.

一切毛孔放光. 表一極之□□無不照也.

**〈큰 기침을 하며 손가락을 튕기다〉.**[7] 앞서 빛을 내는 혀의 모습을 나타내며 말씀이 허망하지 않고 지혜가 빠짐없이 비춘다는 것을 드러냈다. 도(道)는 이미 이와 같아서 이(理)에 막힘이 없는 황중(黃中)[8]이라는 것을 밝힌다. 이(理)에 막힘이 없는 황중이라는 것을 **큰 기침**에 빗댄 것이다. 그런데 황중에서의 주창[唱]은 분명히 취지가 있는 말이다. 다시 (이를) 빗대어 **손가락을 튕기다**라고 했다. 이(理)가 이미 □[9]하까지 선양했기 때문에 **이 2가지 음성이 10방에 두루 이른다**[10]고 한다. 10방의 중생이 (각자에게 내재된) 깨달음의 몫[分]이 발동함을 느끼는 것을 **6종으로 진동하다**[11]라고 한다.

---

5) 『법화경』, 51c18. 경문은 一切毛孔放於無量無數色光.(일체의 털구멍에서는 한량없이 많은 광명이 나타나)

6) 光明 혹은 智慧가 아닐까.

7) 『법화경』, 51c23. 경문은 一時謦欬俱共彈指.(이 때 큰 기침을 하며 손가락을 함께 튕기니)

8) 글자상으로는 가운데 중심이라는 뜻이고, 의미상으로는 중(中)의 덕(德)을 갖추고 있다는 의미다. 황(黃)은 5행(五行)에서 가운데인 토(土)를 나타내는 색으로서 동서남북 4방 각각을 나타내는 청적백흑(靑赤百黑)과 조리 있게 연결되어 있으면서 모두 통한다는 의미를 갖고 있다. 다시 말해, 가운데 중심이면서 4방과 모두 통하는 그러한 덕(德)을 갖추고 있다는 의미다. 출처는 『易經』, 「文言傳」의 "君子黃中通理"이다.

9) □은 天인 것 같다.

10) 『법화경』, 51c23. 경문은 是二音聲. 遍至十方諸佛世界.(이 두 가지 소리가 시방의 부처 세계에 두루하게 들려)

11) 『법화경』, 51c24. 경문은 地皆六種震動.(땅이 여섯 가지로 진동하였다.)

謦咳彈指. 上現舌相放光. 顯言不虛妄. 慧照無遺. 道既如此. 明理暢黃中. 理暢黃中者. 寄以謦咳. 然黃中之唱. 言必有旨. 復託以彈指. 理既宣揚於□下. 故云此二音聲遍至十方. 十方眾生. 感悟分發. 為六種震動也.

**〈다 함께 멀리 사바세계에 흩었다〉.**[12] 이 모든 중생은 비록 미리 □[13]하는 데는 밝지[14] 않더라도 그래도 좋은 인연[善緣]이 있어서 멀리서 본다. **여러 가지 보물을 가지고 멀리서 공양한 것**[15]은 지극한 □을 □보낸다는[16] 것이다. 이 가상[17]을 나타낸 것은 도(道)가 떨어져있지 않다는 것을 밝히려는 것이다.

皆共遙散娑婆世界. 此諸眾生. 雖無明於預□. 然有善緣. 於遙觀. 以種種寶物. 遙供養者. 以送□極□. 此假相見者. 欲明道無隔也.

**〈하나의 불국토와 같았다〉.**[18] 안으로는 지극하게 마음[情]이 모이고[鍾], 밖으로는 드러난 감응이 있다. **보배 장막이 이 여러 부처를 뒤덮어 곧 10방이 하나가 된 것**[19]은 스스로가 성의를 내세워 감응이

---

12) 『법화경』, 52a10.

13) 與인 것 같다. 의미는 참여하다일 것이다.

14) 소(疏) 주석에 明字原本不明.

15) 『법화경』, 52a09. 경문은 以種種華香瓔珞幡蓋及諸嚴身之具珍寶妙物. 皆共遙散娑婆世界.(가지가지 꽃과 향과 영락과 번개와 그리고 많은 장신구들인 진귀하고 아름다운 보물들을 다함께 멀리 사바세계에 흩었다.)

16) 부처에게 귀의하려는 여러 중생들의 지극한 마음을 표현한 것이라는 의미가 아닐까.

17) 소(疏) 주석에 假相二字原本不明.

18) 『법화경』, 52a13.

이르게 하지 않았다면 누가 이와 같이 할 수 있겠는가. 인(因)은 만 가지로[20] 비록 다르더라도 결국 하나의 과(果)로 돌아간다는 것을 간접적으로[遠] 설명한다.

**如一佛土. 情鍾內至. 有感外發. 寶帳覆此. 諸佛乃令十方為一者. 自非懸誠感至. 孰能如此乎. 遠明因萬雖殊. 終歸一果矣.**

---

19) 『법화경』, 52a12. 경문은 譬如雲集變成寶帳. 遍覆此間諸佛之上. 于時十方世界通達無礙. 如一佛土.(구름처럼 시방에서 몰려 와 보배 장막으로 변해서 이 세상 부처들의 위를 덮으니, 이 때 시방세계는 통달하여 걸림 없는 것이 하나의 불국토와 같았다.)

20) 소(疏) 주석에 萬字原本不明.

# 21. 촉루품(屬累品)

앞에서[1] 인(因)을 설명할 때 또한 아울러 이미 부촉했다. 의미가 아직 마무리되지 않아서 별도의 (부촉하는) 품을 세우지는 않았다. 이제 인(因)과 과(果)의 설명[2]은 모두 마쳤고, 이(理)의 말씀도 모두 끝났다. 이것은 곧 여래의 큰 지혜가 □□에 그러하다.[3] 이제 이 경전을 지니도록 **머리를 어루만지고 부촉한 것**[4]은 이(理)는 깊고 일[事]은 커서 결코[要] □□ 확실하지 않아서다[惣].[5]. 이 의미 때문에 품을 설정했을 뿐이다.

**屬累品第二十一. 前說因之時. 亦並已付囑. 義既未周. 不別立品. 今明因果俱竟. 理說都畢. 斯則如來大慧. 於□□然. 今持此經. 摩頂而付者. 以理深事大. 要□□惣. 為是義故立品耳.**

---

1) 10. 법사품 혹은 12. 지품을 가리키는 것 같다.
2) 인(因)은 1. 서품~13. 안락행품의 총13품, 과(果)는 14. 용출품~21. 촉루품의 총 8품을 가리킨다.
3) □□은 불분명하지만 이 문장은 문맥상 여래의 큰 지혜가 이제 다 드러났다는 뜻인 것 같다.
4) 『법화경』, 52c04. 경문은 以右手摩無量菩薩摩訶薩頂. 而作是言.(오른손으로 한량없이 많은 보살마하살들의 머리를 어루만지시고 이렇게 말씀하셨다.)
5) 소(疏) 주석에 惣字原本不明. 더욱이 □□도 불분명하지만 이 문장은 문맥상 유포하거나 전파하는 일을 확신할 수 없다는 의미가 아닐까.

# 22. 약왕본사품(藥王本事品)

위에서 인(因)과 과(果)의 이(理)는 하나이며 곧 다른 취지[趣]가 없음을 밝혔다. 종극(宗極)이 그렇게 드러나서 (이에 대한) 인식[領]과 이해[會]를 가지고 있다. 이하부터는 3승의 사람[三人]을 가지런히 해서 1승의 사람[一人]이 되게 하며, 2승의 사람[子]은 똑같이 큰 □[1]가 될 수밖에 없다는 것을 밝힌다. 경전 설법은 이미 끝났고, 이제 유통하는 사람을 설명한다. 앞에서 경전을 실행하는 사람에 대한 증명이 없었던 것은 아니다. 여기서는[2] 몇 사람을 표시하여 그 행적을 나타냄으로써 법화를 증명한다. 이 여러 사람들은 예전에 이미 다른 나라에서 이 경전을 선포했다. 이제 또 이곳에서 이 경전을 받아지녀 도(道)의 교화가 당시에 윤택해지고, 덕의 향기가 천년[千載]동안 흘러 퍼지도록[流聲]해서 바르게[方] 나아가는[向] 무리들이 이것을 기준 삼아[准] 본받게[則] 한다. 여기서는 그 예전에 몸을 불태운[燒身] 행위를 내세워 **본래의 일[本事]**[3]이라고 말한 것이다.

**藥王本事品第二十二. 上明因果理一. 則無異趣. 宗極顯然. 領會有在. 自下均三人為一人. 明二乘之子 不得不同為大□也. 說經既竟. 今明流通之人. 前來非不有證. 行經者. 今者標數人. 顯其行迹. 以證法華. 此諸人昔已於他國. 宣布玆典. 今又於此. 傳持斯經. 令道化沾澤於當時. 德芳流聲於千載. 使向方之徒.**

1) 문맥상 子인 것 같다. 즉 大子이며, 의미는 '대승의 사람'일 것이다.
2) 소(疏) 주석에 者字原本不明.
3) 『법화경』, 53a04.

准而則之矣. 今出其昔燒身之行. 謂本事也.

**〈몸을 불태우니〉.**[4] 사람에게 매우 중요한 것으로 신명(身命)만한 것은 없다. 그러나 불태운 것은 참으로 몸보다 더욱 중요한 보배가 있어서다. 만약 이 의도를 잘 이해한다면 비록 그 형체가 있더라도 항상 이렇게 불태운다. 이(理)가 그 취지에 어긋나게 되면 비록 다시 온종일 불태운다고 하더라도 항상 불태운 것이 아니다. 바라건대 자취 바깥(의 의미)를 얻고 사태[事]에 침체되지 말라. 성인(聖人)이 어떤 이유로 □□[5]을 취했는지 그 의미가 여기서 나타난다.

燒身者. 人所寶重. 莫過身命. 而燒者. 良由更有重身之寶矣. 若能領斯意者. 雖在其形. 恒是燒. 理為乖其旨. 雖復終日焚燎. 常不燒. 庶得迹外. 勿滯於事. 所以聖人責□□意. 義顯於玆也.

**〈다시 일월정명덕불의 국토에서 태어났는데〉.**[6] 이 사람[7]은 인(因)을 허망하지 않게 심었으며, 과(果)도 공허하지 않게 응답한다. 깨끗이 하려고 추구하는 사람[子]이 오묘한 궁극을 초래할 덕행(德行)을 깊이 수행하지 않을까봐 독려하려고, 그래서 이 일을 인용하여 (덕행을 수행할 필요가 있다는) 명확한 증거로 삼으려는 것이다.

復生日月淨明德佛國. 爾人因不虛殖. 果不空應. 以篤洗求之子. 可不深修德行. 以招妙極耶. 故引斯事. 欲為明證也.

---

4) 『법화경』, 53b09. 경문은 然身.

5) □□은 문맥상 소신(燒身)이라는 공양(供養)의 방법을 의미하는 것 같다.

6) 『법화경』, 53b19.

7) 『법화경』, 53b18. 경전 본문의 일체중생희견보살을 가리킨다.

# 23. 묘음품(妙音品)

그 때 대중은 약왕(藥王)의 본사에 관한 말씀을 듣고 법화의 공덕을 다시 찬미하며 믿음과 공경이 더욱 더해져 모두가 지키며 지니려고 했다. 선전하고 유포하는 방법에는 반드시 인(因)이 있다. 인(因)의 작용[行]은 대개 **일체의 색신으로 나타나는 삼매**[1]만큼 통하는 것이 없다. **색신삼매**란 곧 법화의 지혜다. 사람이 법화를 잘 빛나게 하면 이 삼매가 나타나서 형체를 달리하고 모습을 고치는 데 제약이 없다. (이 품에서는) 묘음대사가 **그 사람들**[2]을 친견하며 자취에 의지해 왕래하면서 이 경전을 선전한다고 말한다. 그 이익이 어찌 깊지 않겠는가. **미간에서 빛을 뿜어 그 국토를 비춘 것**[3]은 **묘음**[4]을 오게 하려는 것이다.

妙音品第二十三. 時衆聞說藥王本事. 再稱美法花功德. 益加信敬. 咸欲護持. 宣傳流布之方. 必有所因. 所因之行. 大莫通現一切色身三昧. 色身三昧者. 卽法花慧也. 人能光揚法華. 則現是三昧. 便殊形改狀無方. 說妙音大士. 親是其人. 託迹往來. 以宣此經. 其之為益. 豈不深乎. 放眉間光照彼國者. 欲令妙音來也.

---

1) 『법화경』, 약왕본사품, 53a26.

2) 『법화경』, 55b05~08. 경문의 이 부분에서부터 등장하는 석가모니불, 문수(文殊), 약왕(藥王), 용시(勇施), 숙왕화(宿王華), 상행의(上行意), 장엄왕(莊嚴王), 약상(藥上) 보살을 가리킨다.

3) 『법화경』, 55a17~24. 경문은 及放眉間白毫相光~遍照其國.(또 미간의 백호상(白毫相)에서도 광명을 놓아~그 국토를 두루 비추었다.)

4) 『법화경』, 55a16.

**〈여러 가지 보배 연꽃을 변화로 만들었으며〉.**[5] (묘음보살은) 장차 오려고 한다. 때문에 먼저 여러 꽃의 오묘한 상서로움을 나타내서 이 국토의 중생들에게 마음을 기울여 갈망하는[傾渴] 생각을 하도록 한 것이다.

化作眾寶蓮花. 將欲來. 故先現眾花妙瑞. 使此土眾生. 發傾渴之想也.

**〈다보여래가 마땅히 너희들을 위하여 그 모습을 나타내 보여줄 것이다〉.**[6] 이제 **다보**가 (묘음보살이 오는) 모습을 **나타내 보여준** 이유는 첫째로 **다보**는 법화 때문에 왔고, 둘째로 모든 부처의 도(道)는 같다는 것을 밝히기 위해서다.

多寶如來當為汝等而現其相. 所以今多寶為現相者. 一明多寶為法花而來. 二明諸佛道同也.

---

5) 『법화경』, 55b19. 경문은 化作八萬四千眾寶蓮華.

6) 『법화경』, 55c05.

# 24. 관세음품(觀世音品)

성인(聖人)이 등불을 내걸어 방편으로써 인도하는 데 고정적인 방식은 없다. 혹은 신기(神奇)에 가탁하고 혹은 명호(名號)에 의탁한다. 진실로 (중생들의) 근기[機]에 차이가 있어서 (그들의) 취사가 같지 않을 뿐이다. 관음이라는 이름만을 찬미한 이유는 중생의 마음[情]을 한 가지에 기대도록 해서 공경심이 짙어지게 하려는 것이다. 만약 한 가지에 대해서 공경을 잘 확충하는 것이라면 곧 그렇게 하지 못하는 사람은 한 명도 없다. 중생[物]에게 권장하는 것일 뿐 어찌 (이 방법)만 뛰어나겠는가. 구석구석[曲] 제도하며 빠짐이 없음을 **보(普)**[1]라고 한다. 깨달음으로부터 신통[神]에 통함을 **문(門)**[2]이라고 한다.

**觀世音品第二十四. 夫聖人懸燭. 權引無方. 或託神奇. 或寄名號. 良由機有參差. 取捨不同耳. 所以偏美觀音名者. 欲使衆生歸馮情一. 致敬心濃. 若能推敬於一者. 則無一而不然矣. 勸物之爾. 豈偏勝乎. 曲濟無遺. 謂之普. 從悟通神. 謂之門.**

**〈여러 가지 고뇌를 받을 경우 이 관세음보살의 이름을 들은 사람은 모두 해탈한다〉.**[3] 성인(聖人)은 처음을[4] 열고, 이(理)는 없는 뿌

1) 『법화경』, 56c02.
2) 『법화경』, 56c02.
3) 『법화경』, 56c06. 경문은 受諸苦惱. 聞是觀世音菩薩. 一心稱名. 觀世音菩薩即時觀其音聲皆得解脫.(여러 가지 고뇌를 받을 때에 이 관세음보살의 이름을 듣고 일심으로 그 이름을 부르면, 관세음보살이 곧 그 음성을 듣고 모두 해탈케 한다.)
4) 소(疏) 주석에 初字原本不明.

리를 뽑지 않는다. 진실로 안에 도의 기틀[道機]이 없으면 성인은 곧 호응하지 않는다. 어찌 직접 이름을 부른다고 곧바로 해탈하겠는가. 그런데 지금 그렇다고 말한 것은 무엇 때문인가? **관세음**이란 통하지 않는 것이 없는 이(理)이며, 구제하지 못하는 것이 없는 마음[懷]이다. 중생[物]은 깨달음의 근기[悟機]가 있어서 성인을 부르고[扣], 성인은 두루 통하는 도(道)가 있으며 두루 통하는 도(道)는 이미 베풀어졌다. 그렇다면 **해탈**이 어찌 빈말이겠는가. 이름을 찬미하며 중생[物]을 격려하는 것 또한 너그럽지[弘] 않은가.

受諸苦惱聞是觀世音菩薩名者皆得解脫. 聖人振初. 理不拔無根. 苟內無道機. 聖則不應矣. 豈直稱名. 便得解脫乎. 而今云爾何耶. 觀世音者. 以無不通為理. 無不濟為懷. 物有悟機扣聖. 聖有遂通之道. 遂通之道既申. 爾乃解脫豈虛哉. 美名獎物. 不亦弘乎.

**〈부처의 몸으로써 제도할 사람에게는〉.**[5] **묘음보살이 여러 가지 몸을 나타내는 것은 색신삼매를 얻었기**[6] 때문이다. 이제 관음도 여러 가지 형태를 나타내며 설법하는 것은 모두 법화를 선양하기 위해서다. 사람은 달라도 도(道)는 같으며, 수행하면 반드시 얻는다는 것을 보여준다.

應以佛身得度者. 妙音菩薩現種種身者. 以得色身三昧也. 今觀音亦現種種形而說法者. 皆由宣法花故. 人異道同. 示修必得也.

---

5) 『법화경』, 57a23.

6) 『법화경』, 약왕본사품, 53a26.

# 25. 다라니품(陀羅尼品)

인연의 역수(曆數)는 그림자나 메아리처럼 부합하는데[符] 길흉화복을 어찌 회피할 수 있겠는가. 다만 현묘한 말씀, 이(理)의 설법은 많은 사람들[群庶]과 오묘하게 단절되어 있어서 얕은 지식의 사람들[近識]로 하여금 받아 지니는 마음[心]이 옅어지도록 하기에 이르렀다. 임시로 주술로써 당시 사람들의 마음[時情]을 돈독히 하려고 한다. 다른 국토의 사람들은 주술[禁呪]을 믿고 두려워한다. 주술[禁呪]이라는 방법은 흉(凶)을 배격하고 길(吉)을 불러올 수 있으며, 제어하지 못하는 것이 없다. 말세에는 두려움이 많아서 피해를 겁내지 않은 채 선(善)을 닦는 일이 없다. 그래서 성인(聖人)이 그 어리석음[愚冥]을 가엾게 여겨 그 방법을 말해주며, 이(理)에 어두워도 이어지기를 바라는 사람은 재빨리[慓然] 믿게 된다. 때문에 주술이라는 이름[呪名]을 빌려 이(理)의 설법이라고 이름 붙인다. 이(理)는 어디에서나[無處] 말해지며 더욱이 명칭과 사실이 갖춰진다. 길흉이 다가오는 것은 귀신에 관계한다. 그 말을 사용함으로써 피해가 없도록 가르친다. 손해[累]를 두려워하거나 피해에 겁먹은 사람이 경전을 수행하지 않는 일이 없다. 경전 수행이 지극해지면 자연히 (주술의) 말은 사라진다. 말이 사라질 정도로 이해가 분명해지면 흉(凶)은 저절로 없어진다.

陀羅尼品第二十五. 夫因緣曆數. 符若影響. 吉凶禍福. 豈可避哉. 但玄言理說. 妙絕群庶. 致令近識. 受持心薄. 欲寄之呪術. 以敦時情. 外國之人. 信畏禁呪. 禁呪之法. 能排凶招吉. 無

所不制. 末世多畏. 莫不懼害而修善. 是以聖人愍其愚冥. 為說其方. 昧理望連者. 慓然信至. 故借呪名. 以諂理說. 理說無處. 更成名實. 又吉凶之來. 關於鬼神. 因用其語. 訓令莫害. 畏累懼害者. 無不修經. 修經既至. 自然潛語. 潛語之解既著. 凶自亡矣.

이제 법화의 종극(宗極)을 주문에 의지해서 설명한다. 사람은 주문의 이익을 기뻐하며, 서로 이로워서 좋아한다. 이에 정성을 기울여 더욱더 돈독하게 받아 지닌다. 주문의 이(理)는 비록 한 가지이지만 제어하는 말이 같지는 않다. 본래 좌우의 구분이 있지만 오직 부처에게 의지할 뿐이다. 때문에 다시 말해서, 이로 인해 얻은 말씀은 부처의 말씀과 같다. 만일 나중에라도 거스른다면 □[1]가 결코 가볍지 않다. 이와 같이(若) 보호하고 지키는 주문을 **다라니**[2]라고 한다. 주문은 바로 귀신의 말이어서 번역[傳譯]해서는 안 된다.

今以法花宗極. 寄呪而說之. 人欣呪之益. 樂於交利. 於是傾誠. 受持彌篤. 呪理雖一. 制辭不同. 既有左右. 唯付在佛. 故復因茲. 得言若于佛說. 如有後逆. □必不輕. 若護持呪. 謂陀羅尼也. 呪是鬼神之語. 不可傳譯也.

**〈부단나〉.**[3] 세간에 상서롭지 못한 귀신이다. 이로 인해 병들면 반드시 죽는다.

富單那. 世間不祥之鬼. 因病之必死.

1) 소(疏) 주석에 □疑罪.
2) 『법화경』, 58b08.
3) 『법화경』, 58c11. (산)Pūtana.

**〈길차〉.**[4] 시체를 일으키는 귀신이다.

**吉遮. 起尸鬼也.**

**〈비사문〉.**[5] 북방의 천왕이다. 주로 **야차와 나찰**[6]이라는 두 귀신을 거느린다. 동방의 **지국천왕**[7]은 **건달바**[8]와 비사사(毘舍闍)라는 두 귀신을 거느린다. 남방천왕은 **구반다와 아귀**[9]의 두 귀신을 거느린다. 서방천왕은 여러 용(龍)과 긴나라(緊那羅)를 다스린다. 이 4천왕은 각각 그 영역을 제어한다.

**毗沙門. 北方天王也. 主領二鬼. 夜叉. 羅刹. 東方持國天王. 領二鬼. 揵闥婆. 毗舍闍. 南方天王領二鬼. 鳩槃荼. 餓鬼. 西方天王領諸龍. 緊那羅也. 此四天王. 各制御其所領也.**

**〈나찰녀 등〉.**[10] 이 10명의 여자귀신은 천하에 큰 세력이 있다. 이들은 여러 귀신들의 어머니로서 부처의 명령에 공손히 따르며, 또 이 주문을 말한다. 귀신이 비록 흉악하다고 해도 그 어머니를 위배하지 못한다. (어머니가) 이미[11] 부처에게 순종해서 자식들도 이를 따르는 것이다.

---

4) 『법화경』, 58c12. (산)Kṛtya.
5) 『법화경』, 59a07.
6) 『법화경』, 58c11.
7) 『법화경』, 59a13.
8) 『법화경』, 59a14.
9) 『법화경』, 58c12.
10) 『법화경』, 59a22.
11) 소(疏) 주석에 既上應有母字.(既 앞에 응당 母자가 있어야 한다.)

羅刹女等. 此十女鬼. 於天下有大勢力. 是衆鬼之母. 恭順佛命. 亦說此呪. 鬼雖凶惡. 不違其母. 既順佛. 子斯從也.

**〈탈일체중생정기〉.**[12] 사람의 마음[心]에는 일곱 방울의 단물이 있어서 사람의 목숨을 다스린다. 만약 나찰이 사람 몸속에 들어가 한 방울을 마신다면 곧 사람의 머리를 병들게 한다. 두, 세, 네 방울을 마시면 곧 기절한다. 그렇기 때문에 치료할 수 있다. 이것을 지나버리면 반드시 죽는다. 이를 **정기를 빼앗음**이라고 한다.

奪一切衆生精氣. 人心有七渧甜水. 以養人命. 若羅刹入人身中. 飮一渧. 則令人頭病. 飮二三四渧. 則悶絕. 然故可治. 過是必死. 是為奪精也.

**〈아발마라〉.**[13] 이 귀신은 사람 몸속에 들어가서 사람 손발의 힘줄을 조종하며, 입 속에 가래[吐淡]가 생기게 한다. 열병을 생기게 하는 귀신이다. 만약 귀신이 이러한 여러 형태로 작용한다면 병이 엄습해 온 것이다.

阿跋摩羅. 此鬼入人身中. 令人手足筋轉. 口中吐淡. 熱病鬼也. 若鬼形作此諸形. 來侵病者.

**〈아리수 가지〉.**[14] 땅에 떨어질 때 반드시 일곱 조각이 된다. 때문

12) 『법화경』, 59a25. (산)Sarvasattvojohārī. 의미는 '일체 중생의 정기를 빼앗음'이다.
13) 『법화경』, 59b07. (산)Āpasmāraka.
14) 『법화경』, 59b13. 경문(59b12~13)은 다음과 같다.
若不順我呪 惱亂說法者(만일 나의 주문 순종치 않고 설법하는 이를 괴롭게 하면)

에 이것을 비유로 삼은 것이다.

阿梨樹枝落地時. 必作七片. 故以之為喻也.

**〈기름을 짜면서 생기는 재앙〉.**[15] 외도들은 일체의 초목에는 생명이 있다고 많이들 말한다. 모든 귀신은 이 말을 믿는다. 때문에 **기름을 짜면서** 짓는 죄[16]를 싫어하며 이를 두려워한다.

壓油殃. 外道多謂. 一切草木有命. 諸鬼皆信此語. 故以厭油罪恐之.

---

頭破作七分 如阿梨樹枝(아리수나무의 가지처럼 머리통을 일곱으로 쪼개버리며)

15) 『법화경』, 59b14.

16) 보통은 깨를 찧은 뒤에 놓아두면 벌레가 생기는데 이 벌레와 같이 짜면 기름이 많아지며 이것을 순수한 기름인 양 속여서 파는 데 따른 죄이다. 그런데 문맥상 깨라는 식물은 물론, 벌레라는 생명체도 같이 짜면서 생명을 해치는 데 따른 죄라는 의미인 것 같다.

# 26. 묘장엄왕품(妙莊嚴王品)

법화라는 오묘한 도(道)는 매우[既] 깊고도 멀다. 더욱이[加] 약왕(藥王) 등 여러 사람들이 이것을 선전하며 유통시키는 사람들이며, 이는 곧 (유포하는) 사람은 고귀하고 이(理)가 멀어서 아득하게[冥然] 군중과 단절되는 것이다. 얕은 지식을 가진 무리는 움츠리거나[斂] 더 나아가[1] 돌아서며, 비록 경전을 유통시키려 하더라도 감히 마음[心]을 쓰지는[曆][2] 못한다. 때문에 **묘장엄왕**[3]을 인용한다. **묘장엄왕은 이전에는[昔] 사견(邪見)이었다.**[4] **사견**이 이윽고[既] 돌아서서 곧 법화를 선양한다. 평범한 지식인은 이에 발심하여 경전을 유통한다. 방편적인 자취[權迹]를 결단코 베풀어[與] 구제된 바가 실로 많다. 아울러 **선지식**[5]의 의미를 분명히 하며, 갈고 닦는 아름다움을 간접적으로[遠] 나타낸다. 지나간 예전의 인연을 서술하는 **본사(本事)**[6]인 것이다.

妙莊嚴王品第二十六. 法花妙道. 既深且遠. 加之藥王諸人. 為宣流之者. 斯則人高理遠. 冥然絕群. 近識之徒. 斂兮而反. 雖欲通經. 不敢曆心. 故引妙莊嚴王. 妙莊嚴王者. 昔是邪見. 邪見既反. 則宣揚法花. 凡識於是. 發心通經. 權迹敢與. 所濟實多. 兼明善知識義. 遠顯切磋之美也. 序往昔之緣本事也.

---

1) 소(疏) 주석에 兮字更勘.(兮자는 更자로 교감)
2) 소(疏) 주석에 曆與歷同.
3) 『법화경』, 59b28.
4) 『법화경』 59c18~60a02. 이 부분의 내용을 요약한 말이다.
5) 『법화경』, 60c03.
6) 『법화경』, 59b28.

# 27. 보현보살권발품(普賢菩薩勸發品)

사람의 마음[情]은 몽매하여 깨끗한[1] 믿음이란 참으로 어렵다. 반드시 제약이 없는 곡척(曲尺)을 필요로 한다. 자취에 의지하여 사례로써 증명하며, 사례 증명이 분명해지면 믿는 마음[心]이 바야흐로 짙어질 따름이다. **보현보살**[2]은 본래 서원을 세웠다. **만약 법화경을 독송하는 곳이 있다면 내가 가서 격려하고 북돋아줄 것이며, 그들의 오류도 제시해주겠다고.**[3] 이것을 **권발품**[4]이라고 한다. 중생[物]은 신령스럽고 상서로운[靈瑞] 감응을 기뻐하며, 이에 경전 수행이 반드시 더욱 근면하고 독실해진다.

普賢菩薩勸發品第二十七. 人情曚昧. 皎信良難. 要須曲尺無方. 寄迹事證. 事證既顯. 信心方濃耳. 普賢菩薩本立誓願. 若有讀誦法花經處. 我往勸發. 示其謬誤. 謂之勸發品. 物欣靈瑞之應. 於是修經. 必彌勤篤矣.

법화경소 하권(마침)　　　　축도생 찬

法華經疏卷下(終)　　　　竺道生　撰

---

1) 소(疏) 주석에 皎字原本不明.

2) 『법화경』, 61a05.

3) 이 품 전체의 주요 내용이다.

4) 『법화경』, 61a05. ‘보현보살의 권장하겠다는 발심에 관한 품’이라는 뜻이다.

## 저자 소개

축도생竺道生. 355?-434. 그에 관한 전기는 『출삼장기집(出三藏記集)』, 『양고승전(梁高僧傳)』 등에 기록되어 있다. 축법태(竺法汰, 320-387)에게 출가했고 여산혜원(廬山慧遠, 334-416)은 물론 구마라집(鳩摩羅什, 343[344]-413)에게도 사사했다. 사상적으로는 중국불교사상사에서 돈오론과 일천제성불론 등을 당시 최초로 주장하여 돈점논쟁이나 일천제의 성불에 관한 논쟁을 야기함으로써 불교 이해를 진전시키는 역할을 했다. 「이제론(二諦論)」, 「불성당유론(佛性當有論)」, 「법신무색론(法身無色論)」 등 여러 편의 글을 지었다고 전해지지만 현존하는 유일한 저술은 『묘법연화경소(妙法蓮華經疏)』 뿐이다.

## 번역자 소개

강규여. 1975년생. 전남대학교 철학과를 졸업하고 같은 학교에서 동아시아불교를 전공하며 불교와 유(儒)·도(道) 양교 간의 교섭에 관한 논문으로 석사 및 박사 학위를 취득했다. 위진남북조 시대에서 수당(隋唐)을 거쳐 송명(宋明)에 이르기까지의 동아시아 사상사에서 불교가 했던 역할에 주목해 연구하고 있으며 이와 관련한 몇 편의 논문이 있다. 공역으로 『돈황학대사전』(2016)이 있다.

# 묘법연화경소妙法蓮花經疏

인 쇄 | 2017년 11월 1일
발 행 | 2017년 11월 10일

저 자 | 축도생(竺道生)
번 역 | 강규여
발행인 | 정병석
발행처 | 전남대학교출판문화원

등 록 | 1981. 5. 21. 제53호
주 소 | 61186 광주광역시 북구 용봉로 77
전 화 | (062) 530-0571～2
마케팅 | (062) 530-0573
팩 스 | (062) 530-0579
홈페이지 | http://www.cnup.co.kr
이메일 | cnup0571@hanmail.net

값 20,000원

ISBN 978-89-6849-440-6 (93220)

이 도서의 국립중앙도서관 출판시도서목록(CIP)은 서지정보유통지원시스템홈페이지(http://seoji.nl.go.kr)와 국가자료공동목록시스템(http://www.nl.go.kr/kolisnet)에서 이용하실 수 있습니다.
(CIP제어번호: 2017028113)